AF282989

HOT_A_3038_01. Acopio y distribución de géneros en el área de bar

Elsa Rubio Duce

ic editorial

HOT_A_3038_01. Acopio y distribución de géneros en el área de bar
© Elsa Rubio Duce

1ª Edición

© IC Editorial, 2026

Editado por: IC Editorial
c/ Cueva de Viera, 2, Local 3
Centro Negocios CADI
29200 Antequera (Málaga)
Teléfono: 952 70 60 04
Fax: 952 84 55 03
Correo electrónico: iceditorial@iceditorial.com
Internet: www.iceditorial.com

IC Editorial ha puesto el máximo empeño en ofrecer una información completa y precisa. Sin embargo, no asume ninguna responsabilidad derivada de su uso, ni tampoco la violación de patentes ni otros derechos de terceras partes que pudieran ocurrir. Mediante esta publicación se pretende proporcionar unos conocimientos precisos y acreditados sobre el tema tratado. Su venta no supone para **IC Editorial** ninguna forma de asistencia legal, administrativa ni de ningún otro tipo.

Reservados todos los derechos de publicación en cualquier idioma.

Cualquier forma de reproducción, distribución, comunicación pública o transformación de esta obra solo puede ser realizada con la autorización de sus titulares, salvo excepción prevista por la ley. Diríjase a CEDRO (Centro Español de Derechos Reprográficos) si necesita fotocopiar o escanear algún fragmento de esta obra (www.cedro.org).

Según el Código Penal, el contenido está protegido por la ley vigente que establece penas de prisión y/o multas a quienes intencionadamente reprodujeren o plagiaren, en todo o en parte, una obra literaria, artística o científica.

ISBN: 979-13-7027-200-5
Depósito Legal: MA 603-2026

Impresión: PODiPrint
Impreso en Andalucía – España

Nota de la editorial: IC Editorial pertenece a Innovación y Cualificación S. L.

Presentación del manual

El **Certificado Profesional,** anteriormente llamado Certificado de Profesionalidad, constituye el Grado C en el Sistema de Formación Profesional, asociado a un perfil profesional. Acredita la capacitación para el desarrollo de una actividad profesional concreta a través de las competencias adquiridas. Tiene carácter parcial y acumulable cuando existan Ciclos Formativos (Grado D) en los que sus módulos profesionales se encuentren contenidos en su totalidad o en parte.

El elemento mínimo acreditable es el **Estándar de Competencia.** La suma de las acreditaciones de los Estándares de Competencia conforma la acreditación del **Módulo Profesional** (Grado B).

Un Estándar de Competencia se define como una agrupación de tareas productivas que realiza el profesional. Los diferentes Estándares de Competencia de un Certificado Profesional conforman la **Competencia General.** Definiendo el conjunto de conocimientos y capacidades que permiten el ejercicio de una actividad profesional determinada.

Cada Estándar o Estándares de Competencia lleva asociado un Módulo Profesional, donde se describe la formación necesaria para adquirir ese Estándar de Competencia, pudiendo dividirse en **Bloques Formativos** (Grado A).

El presente manual desarrolla el Bloque Formativo **HOT_A_3038_01. Acopio y distribución de géneros en el área de bar,**

Perteneciente al Módulo Profesional **HOT_B_3038. Procesos básicos de preparación de alimentos y bebidas,**

Asociado al Estándar/Estándares de Competencia:

⇨ **UC0258_1:** Ejecutar operaciones básicas de aprovisionamiento, y preparar y presentar bebidas sencillas y comidas rápidas.

del Certificado Profesional **HOT_C_002_3B. Servicios auxiliares en restaurante y bar.**

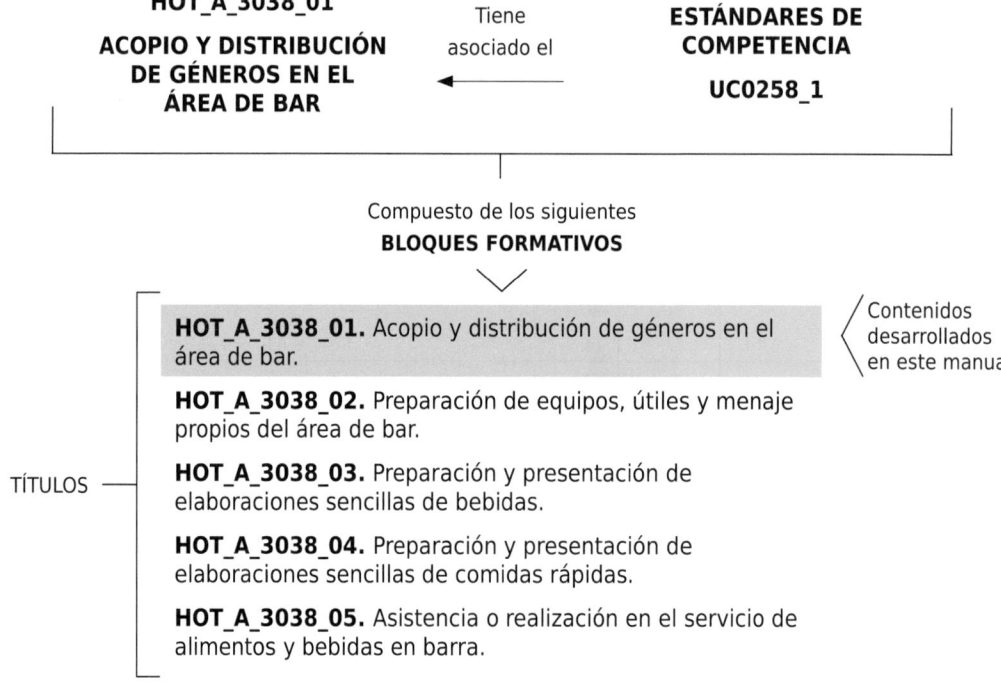

HOT_A_3038_01
ACOPIO Y DISTRIBUCIÓN DE GÉNEROS EN EL ÁREA DE BAR

Tiene asociado el

ESTÁNDARES DE COMPETENCIA
UC0258_1

Compuesto de los siguientes
BLOQUES FORMATIVOS

TÍTULOS

HOT_A_3038_01. Acopio y distribución de géneros en el área de bar.

Contenidos desarrollados en este manual

HOT_A_3038_02. Preparación de equipos, útiles y menaje propios del área de bar.

HOT_A_3038_03. Preparación y presentación de elaboraciones sencillas de bebidas.

HOT_A_3038_04. Preparación y presentación de elaboraciones sencillas de comidas rápidas.

HOT_A_3038_05. Asistencia o realización en el servicio de alimentos y bebidas en barra.

HOT_C_002_3B. SERVICIOS AUXILIARES EN RESTAURANTE Y BAR
(Real Decreto 213/2025, de 18 de marzo)

COMPETENCIA GENERAL: Realizar con autonomía, las operaciones de presentación de alimentos y bebidas en establecimientos de restauración, asistiendo en los procesos y atención a la clientela, siguiendo los protocolos de calidad establecidos, observando las normas de higiene, prevención de riesgos laborales y protección medioambiental.

Estándares de Competencias Profesionales		Ocupaciones o puestos de trabajo relacionados
UC0257_1	Asistir en el servicio de alimentos y bebidas.	• Auxiliares o ayudantes/as de camarero/a en sala.
• Auxiliares o ayudantes/as de camarero/a en bar-cafetería.
• Auxiliares o ayudantes/as de barmen/barwomen.
• Ayudantes/as de economato de unidades de producción y servicio de alimentos y bebidas.
UC0258_1	Ejecutar operaciones básicas de aprovisionamiento, preparar y presentar bebidas sencillas y comidas rápidas.	
UC1329_1	Proporcionar atención e información operativa, estructurada y protocolarizada al cliente.	
UC0546_1	Realizar operaciones de limpieza y de higiene general en equipos e instalaciones y de apoyo a la protección ambiental en la industria alimentaria, según las instrucciones recibidas.	

Correspondencia con el Catálogo Modular de Formación Profesional		
Módulos profesionales	**Bloques formativos**	**Horas**
HOT_B_3005. Atención al cliente (105 h)	HOT_A_3005_01. Técnicas de comunicación con el cliente	30
	HOT_A_3005_02. Proceso de venta o prestación del servicio	25
	HOT_A_3005_03. Información del servicio realizado	25
	HOT_A_3005_04. Atención de reclamaciones	25
HOT_B_3036. Aprovisionamiento y conservación de materias primas e higiene en la manipulación (140 h)	HOT_A_3036_01. Limpieza y desinfección de utillaje, equipos e instalaciones	25
	HOT_A_3036_02. Buenas prácticas higiénicas evaluando los peligros asociados	20
	HOT_A_3036_03. Aplicación de buenas prácticas de manipulación de los alimentos	20
	HOT_A_3036_04. Empleo de recursos de manera eficiente	15
	HOT_A_3036_05. Recogida de los residuos y selección	15
	HOT_A_3036_06. Envasado y conservación de géneros crudos, semielaborados y elaborados	20
	HOT_A_3036_07. Recepción de materias primas y almacenamiento según sus características	25

>>>

Correspondencia con el Catálogo Modular de Formación Profesional		
Módulos profesionales	**Bloques formativos**	**Horas**
HOT_B_3037. Técnicas elementales de servicio (250 h)	HOT_A_3037_01. Acopio y distribución de géneros y material en el restaurante	35
	HOT_A_3037_02. Preparación de equipos, útiles y menaje propios del restaurante	35
	HOT_A_3037_03. Realización de las operaciones de preservicio	60
	HOT_A_3037_04. Asistencia o realización de operaciones sencillas de servicio de restaurante	75
	HOT_A_3037_05. Realización de las operaciones de postservicio	45
HOT_B_3038. Procesos básicos de preparación de alimentos y bebidas (175 h)	HOT_A_3038_01. Acopio y distribución de géneros en el área de bar	25
	HOT_A_3038_02. Preparación de equipos, útiles y menaje propios del área de bar	25
	HOT_A_3038_03. Preparación y presentación de elaboraciones sencillas de bebidas	40
	HOT_A_3038_04. Preparación y presentación de elaboraciones sencillas de comidas rápidas	40
	HOT_A_3038_05. Asistencia o realización en el servicio de alimentos y bebidas en barra	45
1782. Nivel básico de Prevención de riesgos laborales		30

Índice

OBJETIVOS GENERALES

Los objetivos generales del **HOT_A_3038_01. Acopio y distribución de géneros en el área de bar,** son los siguientes:

- Identificar e interpretar correctamente los documentos asociados al acopio, así como las instrucciones recibidas.
- Formalizar las hojas de solicitud siguiendo las normas preestablecidas.
- Comprobar cuantitativa y cualitativamente lo solicitado con lo recibido.
- Trasladar las materias primas a los lugares de trabajo siguiendo los procedimientos establecidos.
- Distribuir las bebidas y géneros en los lugares idóneos, atendiendo a sus necesidades de conservación, normas establecidas e instrucciones recibidas.
- Ejecutar las tareas teniendo en cuenta la normativa higiénico-sanitaria.
- Realizar todas las operaciones teniendo en cuenta la normativa de protección medioambiental.

Gestión documental, solicitud y recepción en el área de bar

Contenido

Objetivos

Los objetivos específicos de esta Unidad de Aprendizaje son:

→ Describir las características y las funciones del área de bar.

→ Identificar la documentación de acopio utilizada en el bar.

→ Cumplimentar correctamente las hojas de solicitud.

→ Saber verificar el material solicitado y recibido.

→ Comprender el proceso de aprovisionamiento interno y la distribución de géneros y material dentro de la zona de bar.

1. Introducción

El área de bar funciona como un pequeño sistema dentro del establecimiento donde la organización del espacio, la gestión de materiales y el control documental sostienen el ritmo diario del servicio. La actividad se desarrolla entre tareas que deben ser rápidas, coordinadas y precisas para garantizar un flujo operativo sin interrupciones.

En el día a día, la gestión del aprovisionamiento tiene un impacto directo en la calidad del servicio: desde cómo se reciben los géneros hasta la forma en que se comunican las necesidades internas. Cada movimiento —una reposición, una verificación, una anotación— contribuye a que el bar mantenga su equilibrio operativo.

Para acompañar este aprendizaje, seguiremos la experiencia de Ricardo, un nuevo ayudante de bar que comienza a familiarizarse con la dinámica del aprovisionamiento. A través de sus primeras decisiones, dudas y observaciones, se irán mostrando las situaciones reales que suelen darse en la operativa profesional y los criterios que permiten gestionarlas con eficacia.

2. El área de bar: descripción y caracterización

👉 HILO CONDUCTOR

En su primera jornada, Ricardo recorre con el encargado cada zona del bar: la barra, la contrabarra, las cámaras, el botellero y el área de servicio. Mientras observa el ritmo de trabajo, descubre cómo cada espacio tiene una función concreta y cómo la disposición del material influye en la rapidez del servicio.

- -

El **área de bar** es un espacio de trabajo diseñado para ofrecer un servicio rápido, ordenado y seguro a la clientela. Su organización no es casual; cada zona tiene una función concreta y está equipada con materiales y herramientas específicos que permiten atender pedidos con eficacia.

Desde una perspectiva teórica, el área de bar puede entenderse como un conjunto de subzonas interconectadas que actúan de forma coordinada:

- **Barra.** Es el punto principal de atención directa al público. Aquí se toman pedidos, se sirven la mayor parte de las bebidas y se mantiene el contacto inmediato con la clientela. Debe ser un espacio limpio, accesible y equipado con utensilios básicos como vasos, cubiteras, pinzas, servilleteros, cocteleras o abridores.
- **Contrabarra.** Situada justo detrás de la barra, funciona como el área de apoyo donde se almacenan bebidas, cristalería adicional y herramientas que deben estar al alcance del personal para reponer rápidamente. Su distribución debe facilitar los movimientos sin interferencias y permitir una reposición ágil durante el servicio.
- **Cámaras y refrigeradores.** Estos equipos permiten mantener las bebidas y los productos perecederos a la temperatura adecuada. Su organización interna —por familias de productos, rotación FIFO y niveles de uso— es esencial para garantizar la seguridad alimentaria y agilizar la localización de los productos.
- **Botellero.** Es un espacio refrigerado o no refrigerado, diseñado específicamente para ordenar botellas de alta rotación. Su disposición influye directamente en la rapidez del servicio, ya que permite acceder a los productos más utilizados sin generar interrupciones.
- **Área de servicio.** Incluye superficies de preparación, fregaderos, lavavasos y otros equipos necesarios para completar el servicio. Aquí se realizan tareas de apoyo como preparar mezclas, rellenar recipientes, limpiar vasos o gestionar residuos.

Desde el punto de vista organizativo, la distribución del área de bar debe facilitar los desplazamientos cortos, evitar cruces entre personas trabajadoras y asegurar que cada herramienta esté ubicada donde más se utiliza.

Una buena caracterización del espacio permite:

Reducir tiempos de espera y desplazamientos innecesarios
- Organizar el espacio de trabajo de forma que las tareas puedan realizarse con el mínimo movimiento posible.

Evitar errores y confusiones durante momentos de alta demanda
- Disponer de los elementos del bar de manera lógica para facilitar la identificación rápida de productos y utensilios.

Continúa en página siguiente >>

<< Viene de página anterior

> **Mantener la higiene y la seguridad mediante flujos de trabajo claros**
> - Establecer recorridos y zonas diferenciadas que permitan trabajar con limpieza y sin riesgos.

> **Favorecer la reposición rápida de productos y materiales**
> - Ubicar los puntos de almacenaje de forma estratégica para reponer sin interrumpir el servicio.

NOTA

Comprender la estructura ayuda a cualquier persona que trabaje en el bar a anticiparse a las necesidades del servicio, organizar mejor sus tareas y optimizar la experiencia de la clientela.

ACTIVIDAD COMPLEMENTARIA

1. Analiza cómo se organiza el área de bar, identificando las funciones de cada subzona y reflexionando sobre cómo su distribución influye en la rapidez, la seguridad y la calidad del servicio.

   ¿Qué función tiene cada una de las zonas del área de bar (barra, contrabarra, cámaras, botellero y área de servicio) y por qué es importante que estén bien definidas?

   ¿Cómo influye la organización del espacio en la rapidez del servicio, la seguridad y la higiene durante una jornada de trabajo?

   ¿Por qué una buena distribución del material puede reducir errores, mejorar la reposición y facilitar el trabajo en momentos de alta demanda?

---

3. Identificación e interpretación de los documentos del acopio

 HILO CONDUCTOR

Al empezar la semana, Ricardo recibe por primera vez una orden de pedido, una hoja de instrucciones y un parte interno de reposición. El encargado le explica que cada documento aporta información esencial para evitar faltantes y garantizar la continuidad del servicio.

La gestión del acopio en un bar no se basa únicamente en reponer productos cuando falta algo. Para que todo funcione con fluidez, es necesario utilizar una serie de documentos que permiten planificar, controlar y comunicar las necesidades del servicio.

Estos documentos forman parte del día a día del bar y recogen información clave: qué se necesita, cuándo se necesita, en qué cantidad y en qué condiciones debe entregarse.

 IMPORTANTE

Entender cada documento, saber para qué sirve y cómo se interpreta es fundamental para evitar errores, faltantes o duplicidades.

3.1. Tipología documental en el área de bar

En el área de bar se manejan distintos **documentos** que permiten comunicar necesidades, controlar existencias y coordinar el trabajo con el almacén o con otros departamentos. Cada tipo de documento tiene su propia función, pero todos comparten un objetivo común: **que nada falte durante el servicio.**

Los **documentos** más habituales son los siguientes:

- **Orden de pedido.** Es el documento mediante el cual el bar solicita productos al almacén o a proveedores internos.
  Incluye información como cantidades, referencias, fechas y observaciones. Actúa como punto de partida del proceso de reposición.
- **Hoja de instrucciones o parte interno.** Sirve para transmitir indicaciones específicas relacionadas con productos, montajes, cantidades prioritarias o cambios temporales en el servicio.
  Suele acompañar a la orden de pedido y ayuda a evitar malentendidos.
- **Parte interno de reposición.** Se utiliza para comunicar faltantes detectados durante el servicio o para solicitar refuerzos de productos con alta rotación.
  Es útil cuando el bar necesita reponer con rapidez sin elaborar un pedido completo.
- **Registro de incidencias.** Permite dejar constancia de cualquier situación irregular: productos defectuosos, errores de cantidad, retrasos en la entrega, roturas o cualquier problema que afecte al acopio.
  Facilita la trazabilidad y la resolución posterior.
- **Documentos de control de existencias.** Incluyen inventarios, listados de *stock* mínimo y controles de rotación.
  Ayudan a planificar las solicitudes y evitar tanto el exceso como la falta de productos.

NOTA

Cada uno de estos documentos aporta una pieza de información y, cuando se utilizan de forma coordinada, permiten que la cadena de suministro interna funcione sin interrupciones.

VÍDEO

En el siguiente vídeo se explica cómo hacer un inventario de licores y bebidas en un bar para controlar existencias y preparar la reposición.

Continúa en página siguiente >>

<< Viene de página anterior

Accede al vídeo desde aquí:

https://redirectoronline.com/3038010101

3.2. Lectura e interpretación de órdenes de pedido e instrucciones

Saber leer una orden de pedido no significa simplemente reconocer los productos escritos en la hoja. Interpretar este documento implica comprender la lógica de la información: qué se solicita, por qué se solicita y qué se espera recibir.

Cuando una persona analiza una orden de pedido debe fijarse, como mínimo, en los siguientes **elementos:**

- **Identificación del producto.** Se revisan los nombres, los códigos internos o las referencias para asegurarse de que el producto solicitado es exactamente el necesario. Un pequeño error aquí puede provocar la entrega de un artículo equivocado.
- **Cantidad solicitada.** La cifra debe ser coherente con el consumo habitual y con las necesidades del servicio. Una lectura rápida puede llevar a confundir unidades, litros, cajas o formatos.
- **Fechas.** La orden puede incluir fecha de emisión, fecha límite de entrega o indicaciones sobre el día en que el producto será necesario. Esto ayuda a planificar la reposición y evita retrasos.
- **Observaciones o instrucciones complementarias.** Aquí es donde suele aparecer información clave: cambios de marca, productos sustitutivos, avisos sobre promociones internas, restricciones temporales o indicaciones especiales de la persona responsable.
- **Prioridades.** Algunas órdenes especifican qué productos deben entregarse antes que otros, especialmente en turnos con mucha demanda o cuando se trabaja con *stock* limitado.

NOTA

Interpretar correctamente esta información reduce errores como recibir productos en exceso, recibir artículos que no correspondían o quedarse sin existencias en los momentos más críticos del servicio.

ACTIVIDAD 1

Ricardo encuentra en la mesa tres documentos distintos:

- **Una hoja con productos y cantidades detalladas.**
- **Un formulario donde el encargado ha escrito "priorizar refrescos — evento a las 19:00".**
- **Un papel breve donde se indica "faltan latas de tónica, urgente".**

Debe identificar qué documento es cada uno y cuál es su función exacta dentro del proceso de acopio del bar. ¿Cuál de las siguientes interpretaciones es la correcta?

- **El primer documento es un registro de incidencias, el segundo es una orden de pedido y el tercero es un documento de control de existencias que se usa solo al final del día.**
- **El primer documento es una hoja de instrucciones, el segundo es un parte interno de reposición y el tercero corresponde a una orden de pedido general para proveedores.**
- **El primer documento es una orden de pedido, el segundo es una hoja de instrucciones o parte interno, y el tercero es un parte interno de reposición para comunicar un faltante inmediato.**
- **Los tres documentos son variaciones de la misma orden de pedido y solo cambian en el formato, no en su función.**

Solución

La interpretación correcta es que el documento con productos y cantidades es una orden de pedido, porque es el documento formal que inicia el proceso de reposición.

Continúa en página siguiente >>

<< Viene de página anterior

El papel con la indicación "priorizar refrescos — evento a las 19:00" corresponde a una hoja de instrucciones, ya que añade pautas específicas del responsable para orientar la entrega.

El mensaje "faltan latas de tónica, urgente" es un parte interno de reposición, utilizado para comunicar necesidades inmediatas detectadas durante el servicio.

----

4. Hojas de solicitud: formalización

 HILO CONDUCTOR

Una vez que conoce la documentación, llega el momento de que Ricardo cumplimente su primera hoja de solicitud. Aunque el formato parece sencillo, se da cuenta de que pequeños descuidos pueden generar retrasos en el aprovisionamiento, como, por ejemplo, cantidades incorrectas, campos obligatorios sin rellenar o descripciones ambiguas.

En cualquier bar o cafetería, especialmente en negocios con cierto volumen de trabajo, es habitual que exista un procedimiento interno para pedir productos al almacén o al responsable de compras.

Aunque cada establecimiento puede tener su propio modelo de documento, la **hoja de solicitud** suele ser una herramienta común. Su finalidad es sencilla: dejar por escrito qué productos necesita el bar, en qué cantidad y para cuándo, evitando depender de la memoria o de peticiones verbales que luego pueden perderse.

 **IMPORTANTE**

Una solicitud mal redactada puede provocar retrasos en la reposición, pedidos incompletos, confusiones entre turnos o incluso sobrecostes si hay que hacer compras de urgencia.

4.1. Estructura de la hoja de solicitud en el bar

Las hojas de solicitud suelen tener un formato básico y muy práctico, pensado para no perder tiempo durante el servicio.

Como sabemos, aunque cada empresa puede diseñar su propio modelo, casi todas incluyen los mismos **elementos** esenciales:

- **Identificación del área o la sección.** Indica quién realiza la solicitud. Por ejemplo: bar, cafetería, terraza, sala.
- **Fecha y turno.** Ayuda a saber cuándo se pidió el material y quién estaba al cargo si después surge una incidencia.
  Suele incluir fecha completa y turno de mañana/tarde/noche.
- **Producto solicitado.** Aquí se anotan los artículos que se necesitan. Es habitual escribir tanto el nombre comercial como la descripción del formato; por ejemplo: "Coca-Cola Zero 330 ml" en lugar de "Coca-Cola".
- **Cantidad.** El formato varía según el producto: unidades sueltas, cajas, *packs* o litros.
  Anotar la unidad de medida es clave: "2 cajas" no es lo mismo que "2 unidades".
- **Observaciones.** Se utiliza para añadir información adicional, como:

  - "Alta rotación este fin de semana".
  - "Marca habitual en rotura, enviar sustituto".
  - "Pedido urgente".

- **Firma o código de la persona responsable.** Permite validar la solicitud y saber quién la ha realizado.
- **Espacio para la respuesta del almacén.** No siempre se usa, pero ayuda a confirmar qué se ha entregado finalmente.

Esta estructura facilita que todas las personas del equipo comprendan la información sin necesidad de explicaciones verbales.

 **EJEMPLO**

HOJA DE SOLICITUD DE PRODUCTOS – ÁREA DE BAR

Establecimiento: Cafetería Las Columnas
Fecha: 14/06/2026
Turno: Mañana
Área/sección: Bar
Productos solicitados

N.º	Producto solicitado	Cantidad	Observaciones
1	Coca-Cola Zero 330 ml (lata)	3 cajas (24 u/caja)	Alta rotación por ola de calor
2	Agua mineral 500 ml	2 cajas (12 u/caja)	Prioridad: reponer botellero de terraza
3	Cerveza Mahou 5 Estrellas 330 ml (botellín)	4 cajas (24 u/caja)	
4	Café mezcla natural 1 kg – marca habitual	2 unidades	
5	Leche entera 1 l – marca Pascual	6 unidades	Revisar fecha de caducidad
6	Limones frescos (coctelería)	3 kg	Pedido urgente: evento a las 19:00
7	Hielo en cubitos	4 bolsas de 2 kg	Mantener congelado a la entrega

Firma/código de la persona responsable
Responsable: Cód. BAR07
Firma: _____

Continúa en página siguiente >>

[18]

<< Viene de página anterior

Respuesta del almacén (para uso interno)

Producto	Cantidad entregada	Incidencias
Coca-Cola Zero	3 cajas	—
Agua mineral	2 cajas	—
Cerveza Mahou	4 cajas	—
Café mezcla	2 uds.	—
Leche entera	6 uds.	—
Limones	2 kg	Falta 1 kg (se entrega mañana)
Hielo	4 bolsas	—

Persona del almacén: Cód. ALM12

Fecha de entrega: 14/06/2026 – 12:40 h

4.2. Procedimientos de cumplimentación

Cumplimentar correctamente una hoja de solicitud requiere seguir unas pautas claras.

A continuación, se exponen las pautas que suelen aplicarse en la hostelería:

1. **Revisar primero el *stock* real.** Antes de anotar nada, se comprueba qué productos faltan realmente. En muchos bares, esto se hace al cierre del turno o antes de empezar el siguiente.
2. **Escribir de forma clara y completa.** La letra debe ser legible y no debe haber abreviaturas confusas. Nada de "CCL" si se puede escribir "Cerveza Cruzcampo lata".
3. **Usar siempre la nomenclatura interna del local.** Muchos establecimientos funcionan con códigos propios, especialmente si trabajan con TPV avanzados.
   Ejemplo: BEB-07 = Botella de tónica 200 ml.

4. **Especificar la unidad de medida.** Esto evita errores muy comunes.

   ◑ "3 *packs* de 24".
   ◑ "2 botellas de 1 litro".

5. **Priorizar productos de alta rotación.** En fines de semana, eventos o temporada alta, estos productos deben identificarse claramente para garantizar su disponibilidad.
6. **Comprobar la hoja antes de entregarla.** Una revisión rápida evita muchos problemas: cantidades mal escritas, productos duplicados o falta de firma.
7. **Entregar la solicitud por el canal establecido.** Puede ser físicamente en papel, mediante una bandeja específica o mediante una aplicación interna (cada vez más habitual).

4.3. Errores frecuentes al formalizar solicitudes

En la práctica profesional, existen errores que se repiten con frecuencia en los bares al formalizar solicitudes.

Conocerlos ayuda a evitarlos desde el primer día. Algunos de estos **errores** son:

- ⊃ **No indicar la unidad correcta.** Apuntar "4 cervezas" cuando en realidad se necesitan "4 cajas de 24 unidades".
- ⊃ **Usar descripciones ambiguas.** Escribir "refrescos" cuando debería especificarse "refrescos cola 330 ml" o "refrescos limón 200 ml".
- ⊃ **Omitir productos de alta rotación.** Esto pasa mucho cuando se hace el pedido con prisas al final del turno.
- ⊃ **No añadir observaciones importantes.** Ejemplos típicos:

  ◑ Cambio de marca temporal.
  ◑ Próximo evento.
  ◑ Necesidad urgente.
  ◑ Producto con alta rotación por clima (granizados, agua fría...).

- ⊃ **Dejar campos sin rellenar.** La falta de fecha, turno o firma genera confusiones en equipos con varias personas responsables.
- ⊃ **Pedir más cantidad de la necesaria.** Por desconocer el ritmo de consumo o por miedo a quedarse sin *stock,* lo que puede saturar cámaras y botelleros.
- ⊃ **Escribir de forma ilegible.** Provoca pedidos erróneos, entregas incompletas y pérdida de tiempo en aclaraciones.

TAREA 1

Ricardo empieza su primer turno como ayudante de barra en la Cafetería Las Columnas, donde el consumo de productos varía mucho según la hora y la afluencia de clientes.

Cada mañana, antes de las 12:00, debe enviar una hoja de solicitud al almacén para que el material llegue a tiempo al servicio de tarde.

El establecimiento trabaja con niveles mínimos de reposición. Cuando un producto baja de ese límite, debe pedirse inmediatamente para garantizar el servicio.

Ricardo revisa el inventario rápido y observa el *stock* actual:

- Refresco cola 330 ml (lata): 8 unidades disponibles.
- Agua mineral 500 ml: 4 botellas en el botellero.
- Cerveza Mahou 5 Estrellas 330 ml: 10 % del *stock* habitual.
- Café mezcla natural 1 kg: solo un paquete empezado.
- Limones frescos: menos de 1 kg disponible.
- Hielo en cubitos: 1 bolsa en el arcón.

Niveles mínimos establecidos por el bar:

- Refresco cola 330 ml → mínimo: 24 unidades (1 caja).
- Agua mineral 500 ml → mínimo: 12 unidades (1 caja).
- Cerveza Mahou 330 ml → mínimo: 48 unidades (2 cajas).
- Café mezcla natural 1 kg → mínimo: 2 unidades.
- Limones frescos → mínimo: 2 kg.
- Hielo en cubitos → mínimo: 3 bolsas.

Ayuda a Ricardo a rellenar cada fila con los datos necesarios (producto, cantidad exacta, unidad de medida y observaciones):

Continúa en página siguiente >>

<< Viene de página anterior

PLANTILLA — HOJA DE SOLICITUD DE PRODUCTOS

Establecimiento: _____

Fecha: ___ / ___ / _____

Turno: ☐ Mañana   ☐ Tarde   ☐ Noche

Área/sección: _____

N.°	Producto solicitado (nombre + formato)	Cantidad necesaria (unidad)	Observaciones
1			
2			
3			
4			
5			
6			
7			

5. Comprobación del material solicitado y recibido

👉 **HILO CONDUCTOR**

Cuando llega el reparto interno del almacén, Ricardo participa por primera vez en la verificación del material recibido. Allí aprende a comparar lo solicitado con lo entregado mediante métodos cuantitativos, y también a revisar el estado de los productos para asegurar su calidad.

La verificación del material es una de las tareas más importantes dentro del acopio del bar. No basta con recibir la mercancía: hay que comprobar que lo entregado coincide exactamente con lo solicitado y que el producto llega en buen estado.

IMPORTANTE

Esta revisión evita problemas durante el servicio, ayuda a mantener la calidad y permite corregir errores a tiempo, reduciendo costes y retrasos.

Tanto en pequeños bares como en hoteles o cafeterías de cadenas, este proceso suele hacerse en el momento de la entrega. La persona que recibe el producto revisa la lista de solicitud o la orden de pedido y confirma que todo está correcto antes de almacenar nada.

5.1. Métodos de verificación cuantitativa

La **verificación cuantitativa** consiste en comprobar que las cantidades recibidas coinciden con las cantidades solicitadas. En hostelería, esto se realiza normalmente de forma muy práctica y rápida, ya que el reparto suele coincidir con momentos de actividad.

Los **métodos** más habituales son:

Recuento unidad por unidad
- Se utiliza para productos pequeños o de alta rotación: latas, botellines, vasos de plástico, botellas individuales, sobres de azúcar, etc.

Verificación por cajas o *packs*
- Muchos productos llegan agrupados: *packs* de 24 latas, cajas de 12 botellas, estuches de vino, etc. La persona responsable debe comprobar que la cantidad entregada coincide con la anotada en la solicitud.

Continúa en página siguiente >>

<< Viene de página anterior

Comprobación de volúmenes
- En productos a granel o en botellas grandes, por ejemplo, garrafas de 5 litros, botellas de 1 litro o siropes para coctelería, se revisa que el volumen coincide con el solicitado.

Validación con la hoja de solicitud
- La comparación debe hacerse siempre con el documento original, no de memoria. En bares con TPV avanzado, esta verificación se hace también con el listado digital.

Control de reposición parcial
- Si el almacén no puede entregar todo lo solicitado, debe quedar claro qué parte se recibe y qué parte se aplaza para un reparto posterior.

NOTA

Este control cuantitativo evita quedarse sin *stock* en horas punta y previene malentendidos con el almacén o con la persona responsable de compras.

- -

5.2. Control cualitativo del producto recibido

Verificar la cantidad no es suficiente. Igual de importante es comprobar la calidad del producto, es decir, su estado, sus condiciones de conservación y presentación. Un producto defectuoso puede perjudicar la imagen del establecimiento o incluso generar riesgos para la salud.

El control cualitativo suele incluir:

- **Estado físico del producto.** Se revisa que las botellas no estén rotas, abolladas o mal cerradas, que las cajas no estén mojadas y que los envases estén íntegros.
- **Fechas de caducidad o consumo preferente.** Especialmente en zumos, lácteos para café, refrescos con límite de fecha, *snacks* y productos abiertos o sensibles.

⊃ **Temperatura de recepción.** En productos que deben venir refrigerados (agua fría, cerveza para terraza, leche fresca), se comprueba que la temperatura sea adecuada.

⊃ **Marca y formato correctos.** A veces, llega un producto de marca diferente a la habitual; si no está autorizado como sustituto, debe devolverse o registrarse como incidencia.

⊃ **Condiciones higiénicas del embalaje.** Si la caja está sucia, deteriorada o con signos de mala conservación, se rechaza.

 **IMPORTANTE**

Este control cualitativo evita problemas posteriores con la clientela o con el propio equipo.

5.3. Registro de incidencias y comunicación interna

Cuando algo no coincide —ya sea la cantidad o la calidad— debe dejarse constancia.

Este registro suele realizarse de tres **maneras** diferentes:

⊃ **Parte de incidencias.** Documento breve donde se anotan:

- Producto afectado
- Tipo de incidencia
- Cantidad
- Fecha
- Persona que lo detecta

⊃ **Comunicación directa al almacén.** Puede hacerse de forma verbal o por mensajería interna si es un establecimiento grande.

⊃ **Anotación en la hoja de solicitud.** Si el reparto llega incompleto, se marca claramente lo que falta para que se reponga en el siguiente envío.

Es fundamental comunicar estas incidencias de forma clara para evitar que el problema se repita y para que el equipo pueda tomar decisiones (compra urgente, sustitución, ajuste del inventario, etc.).

5.4. Procesos de aprovisionamiento interno y distribución de géneros y material en la zona de bar

Una vez verificado el material, el siguiente paso es colocarlo correctamente en el área de bar.

Este proceso sigue unas **pautas** comunes:

- **Método FIFO (primero en entrar, primero en salir).** Los productos nuevos se colocan al fondo y los antiguos al frente, para evitar que caduquen o pierdan calidad.
- **Distribución por zonas de uso:**

  - Botellero para bebidas de alta rotación
  - Cámaras para refrigerados
  - Estanterías para vinos y licores
  - Contrabarra para utensilios y reposiciones rápidas

- **Organización por categoría.** Refrescos con refrescos, zumos con zumos, cervezas por marcas o formatos, etc.
- **Evitar saturar cámaras y botelleros.** Un exceso de producto entorpece el servicio.
- **Reposición continua.** En muchos establecimientos, la reposición se hace varias veces al día para que la barra siempre tenga producto disponible.
- **Comunicación entre turnos.** Es esencial que cada turno deje anotado el estado real del *stock,* especialmente si se prevé que un producto pueda agotarse.

Este proceso asegura que el bar esté siempre preparado para atender a la clientela de forma rápida y eficaz, y que la rotación del producto sea adecuada.

Control higiénico, rotación práctica y coordinación entre turnos

Además de ordenar el producto, el personal debe aplicar criterios de higiene, control de mermas y comunicación interna para garantizar un aprovisionamiento estable.

Antes de almacenar cualquier producto, se revisa lo siguiente:

La colocación del producto en el bar debe responder al ritmo real de uso según su velocidad de consumo:

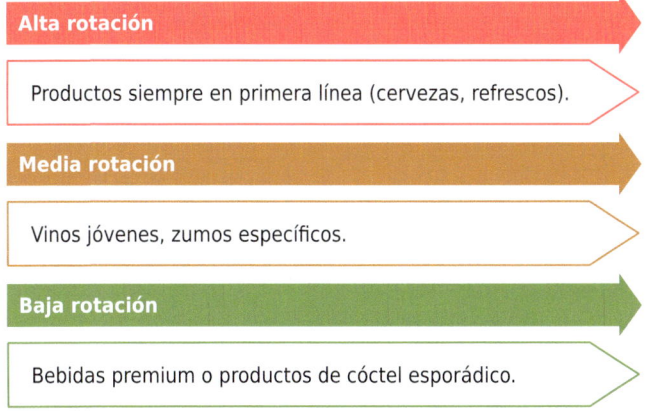

Además, los productos ya abiertos deben controlarse con más precisión para mantener su calidad y su seguridad. Deben:

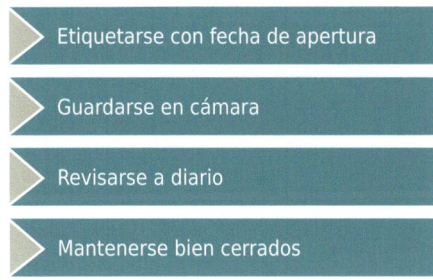

El relevo entre turnos requiere una comunicación clara para asegurar la continuidad en el aprovisionamiento.

Esta comunicación evita desabastecimientos, duplicidades y errores comunes entre turnos. Incluye **registrar:**

Productos que se han agotado
- Para que el turno siguiente los pida o los reponga antes del servicio.

Reposiciones realizadas
- Permite saber qué se ha colocado recientemente y qué zonas del bar ya están completas.

Pedidos urgentes pendientes
- Informa de solicitudes especiales que aún no han llegado y que pueden afectar al servicio.

Incidencias detectadas
- Roturas, derrames, errores de entrega o cualquier situación que deba revisarse o comunicarse al almacén.

Control de mermas

En hostelería, las **mermas** son todas las pérdidas de producto que no se deben al consumo real de la clientela, sino a errores, deterioros o situaciones que hacen que parte del género no pueda utilizarse ni venderse. Dicho de forma sencilla: es producto que se pierde sin generar ingresos.

Las mermas pueden producirse por muchas razones, por ejemplo:

- Derrames al servir o manipular bebidas.
- Botellas mal cerradas que se evaporan o se estropean.
- Productos que caducan antes de poder usarse.
- Envases deteriorados o rotos.
- Restos de fruta, lácteos o siropes que se tiran por mal estado.
- Mal almacenamiento que provoca pérdida de calidad.

IMPORTANTE

Controlarlas es importante porque afectan directamente al coste del bar: cuantas más mermas hay, menos beneficio obtiene el establecimiento. Por eso se registran, se revisan y se aplican procesos para reducirlas.

ACTIVIDAD 2

Ricardo recibe un reparto del almacén. En la hoja de solicitud aparecen:

- **2 cajas de refresco cola (24 unidades cada una).**
- **1 caja de cerveza de marca habitual.**
- **6 litros de zumo de naranja.**
- **1 *pack* de vasos desechables (50 uds.).**

Al revisar la entrega observa lo siguiente:

- **Las 2 cajas de refresco cola están completas.**
- **La cerveza entregada es de otra marca que no se usa en el bar.**
- **El zumo llega con 4 litros en vez de 6 litros.**
- **El *pack* de vasos está mojado y con el embalaje deteriorado.**

¿Cuál de las siguientes acciones representa una verificación correcta según los criterios cuantitativo y cualitativo?

- **Aceptar todo el material porque la mayoría coincide y registrar solamente la diferencia del zumo para reponerla más tarde.**
- **Aceptar las 2 cajas de refresco cola, registrar como incidencia la marca incorrecta de la cerveza, rechazar el *pack* de vasos mojado y anotar que faltan 2 litros de zumo.**
- **Rechazar toda la entrega porque contiene varios errores y pedir al almacén que envíe un nuevo reparto completo.**
- **Aceptar solo el material cuya cantidad coincide, aunque esté deteriorado, y rechazar únicamente los productos que no coinciden en número.**

Continúa en página siguiente >>

<< Viene de página anterior

Solución

La segunda opción es la correcta porque aplica adecuadamente los dos tipos de verificación:

Verificación cuantitativa:

- Las 2 cajas de refresco cola coinciden → se aceptan.
- El zumo llega incompleto → se registra la falta de 2 litros.

Verificación cualitativa:

- La cerveza no es de la marca solicitada → se registra la incidencia o se devuelve.
- El *pack* de vasos está deteriorado y mojado → debe rechazarse por motivos de higiene y seguridad.

Este procedimiento respeta la comprobación cuantitativa y cualitativa, evitando errores posteriores en el servicio y manteniendo la calidad del material recibido.

---

6. Resumen

El área de bar se organiza en distintas zonas con funciones específicas: la barra, donde se atiende directamente a la clientela; la contrabarra, que sirve de apoyo para la cristalería y las reposiciones rápidas; las cámaras, destinadas a mantener los productos refrigerados según su rotación; el botellero, donde se colocan las bebidas de mayor consumo para un acceso inmediato; y el **área de servicio**, encargada de la preparación, el lavado y otras tareas de apoyo.

El bar utiliza documentos para planificar y controlar la reposición:

Orden de pedido	- Solicitud formal de productos.
Hoja de instrucciones/ parte interno	- Indicaciones específicas.
Parte de reposición	- Faltantes detectados durante el turno.
Registro de incidencias	- Problemas con entregas o productos.
Documentos de *stock*	- Inventarios y niveles mínimos.

Saber interpretar estos documentos evita errores, duplicidades y faltantes.

La hoja de solicitud es el documento que permite pedir productos de forma clara y ordenada, indicando el área, la fecha y el turno, el producto con su formato exacto, la cantidad con su unidad correcta, las observaciones necesarias, la firma o código de quien la realiza y, si corresponde, la respuesta del almacén.

La comprobación del material recibido implica revisar que lo entregado coincida exactamente con lo solicitado:

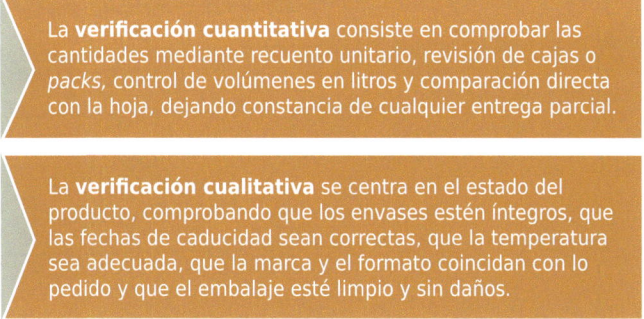

La **verificación cuantitativa** consiste en comprobar las cantidades mediante recuento unitario, revisión de cajas o *packs*, control de volúmenes en litros y comparación directa con la hoja, dejando constancia de cualquier entrega parcial.

La **verificación cualitativa** se centra en el estado del producto, comprobando que los envases estén íntegros, que las fechas de caducidad sean correctas, que la temperatura sea adecuada, que la marca y el formato coincidan con lo pedido y que el embalaje esté limpio y sin daños.

Si aparece cualquier discrepancia o defecto, se realiza un **registro de incidencias,** ya sea mediante un parte, una comunicación al almacén o una anotación en la propia hoja de solicitud.

La distribución y el aprovisionamiento interno del bar se basan en organizar el *stock* de forma ordenada y funcional. Para ello, se aplica el **método FIFO,** colocando delante los productos más antiguos, y se distribuyen los artículos por **zonas de uso** como botellero, cámaras, estanterías o contrabarra. También se agrupan por **categorías** (refrescos, zumos, cervezas por marca, etc.), y se evita saturar cámaras y botelleros para no dificultar el servicio. Además, la reposición debe realizarse de forma continua a lo largo del día para garantizar que el bar siempre disponga del material necesario.

Ejercicios de autoevaluación
Unidad de Aprendizaje 1

1. ¿Qué función principal tiene la contrabarra en el área de bar?

    a. Ser la zona exclusiva de atención a la clientela.

    b. Guardar únicamente productos de limpieza.

    c. Actuar como área de apoyo para almacenar bebidas, cristalería y utensilios de reposición rápida.

    d. Funcionar como almacén general del establecimiento.

2. ¿Cuál de las siguientes opciones describe mejor la función del botellero?

    a. Ordenar las botellas de alta rotación para que el acceso a las bebidas más consumidas sea rápido y ágil.

    b. Almacenar productos de limpieza y recambios de menaje.

    c. Guardar únicamente vinos de reserva en baja rotación.

    d. Servir como zona de exposición decorativa sin uso funcional en el servicio.

3. Indica si las siguientes afirmaciones son verdaderas o falsas:

    a. "La barra es el punto principal de atención directa a la clientela y debe mantenerse limpia, accesible y equipada con los utensilios básicos de servicio".

        ■ Verdadero
        ■ Falso

    b. "La contrabarra no tiene influencia en la rapidez del servicio, ya que solo se utiliza como espacio decorativo".

        ■ Verdadero
        ■ Falso

    c. "Organizar las cámaras y los botelleros según el método FIFO ayuda a garantizar la seguridad alimentaria y a aprovechar mejor la rotación de los productos".

        ■ Verdadero
        ■ Falso

4. ¿Qué documento se utiliza específicamente para comunicar un faltante detectado durante el servicio que requiere reposición rápida?

    a. Registro de incidencias
    b. Documento de control de existencias
    c. Parte interno de reposición
    d. Hoja de instrucciones generales del establecimiento

5. ¿Qué elemento no puede faltar en una hoja de solicitud bien cumplimentada en el bar?

    a. Una descripción de la jornada laboral completa del día anterior.
    b. El número de mesa de cada cliente que consumirá el producto.
    c. Identificación del área, la fecha, el turno, el producto con su formato, la cantidad con su unidad, y la firma o el código de la persona responsable.
    d. Un resumen de ventas estimadas para toda la semana siguiente.

6. Indica si las siguientes afirmaciones son verdaderas o falsas:

    a. "La orden de pedido es el documento que inicia formalmente el proceso de reposición, indicando qué productos, en qué cantidad y para cuándo se necesitan".

        ■ Verdadero
        ■ Falso

    b. "El registro de incidencias se utiliza únicamente para anotar el *stock* mínimo de cada producto, no para problemas de entrega".

        ■ Verdadero
        ■ Falso

    c. "Una hoja de solicitud mal redactada, sin unidades claras o sin observaciones importantes, puede provocar retrasos, pedidos incompletos o compras de urgencia".

        ■ Verdadero
        ■ Falso

7. ¿Cuál de las siguientes prácticas es correcta al cumplimentar una hoja de solicitud?

    a. Escribir con abreviaturas personales que solo entiende quien la redacta.

    b. Escribir de forma legible, usar la nomenclatura interna del local y especificar siempre la unidad de medida (cajas, unidades, litros...).

    c. Pedir "refrescos" sin especificar sabor ni formato.

    d. Dejar en blanco la fecha y el turno, ya que se sobreentienden.

8. ¿Qué ejemplo corresponde a una verificación cuantitativa correcta del material recibido?

    a. Revisar solo el aspecto de las cajas sin comparar con la hoja de solicitud.

    b. Comprobar que los envases no estén sucios ni abollados.

    c. Contar las unidades de latas y botellines, comprobar cajas completas y comparar las cantidades con la hoja de solicitud.

    d. Devolver todo lo que no le guste al personal, aunque coincida en cantidad.

9. ¿Cuál de las siguientes situaciones corresponde a un problema detectado en el control cualitativo del producto recibido?

    a. Las botellas llegan abolladas, con el embalaje mojado o con la fecha de caducidad próxima o vencida.

    b. El volumen de las garrafas coincide con lo solicitado.

    c. Llegan 3 cajas cuando se habían pedido exactamente 3.

    d. Las cajas están bien cerradas y a la temperatura correcta.

10. Indica si las siguientes afirmaciones son verdaderas o falsas:

    a. "La verificación del material recibido debe hacerse comparando lo entregado con la hoja de solicitud, nunca solo de memoria".

       ■ Verdadero
       ■ Falso

b. "Aceptar productos deteriorados, con el embalaje sucio o mojado, es correcto si la cantidad coincide con lo solicitado".

■ Verdadero
■ Falso

c. "Las mermas son pérdidas de producto que no proceden del consumo de la clientela, como derrames, caducidades o envases rotos, y afectan directamente al beneficio del bar".

■ Verdadero
■ Falso

Traslado, distribución y gestión medioambiental en el área de bar

Contenido

Objetivos

Los objetivos específicos de esta Unidad de Aprendizaje son:

→ Aplicar circuitos y técnicas de manipulación segura para trasladar materias primas manteniendo su calidad y reduciendo los riesgos.

→ Organizar correctamente las bebidas y los géneros, aplicando criterios de conservación y rotación (FIFO-FEFO).

→ Realizar las tareas cumpliendo la normativa higiénico-sanitaria, asegurando una manipulación adecuada de bebidas y géneros.

→ Aplicar buenas prácticas medioambientales en acopio y distribución, incluyendo la gestión responsable de residuos y la reducción del desperdicio.

1. Introducción

El trabajo en un bar comienza mucho antes de que el cliente pida su primera bebida. La correcta recepción de géneros, el traslado seguro de materias primas, la organización de cada producto en su espacio y la aplicación de normas higiénico-sanitarias forman una secuencia de acciones que sostiene la calidad del servicio. Cuando estas tareas se realizan de manera ordenada, el equipo trabaja con mayor eficiencia, se evitan errores y el producto llega a la clientela en condiciones óptimas.

Además, estas operaciones tienen un impacto directo en la seguridad alimentaria y en el uso responsable de los recursos, lo que convierte cada decisión —desde revisar un embalaje hasta controlar la temperatura de una cámara— en parte de un proceso profesional esencial.

En este contexto seguimos a Beatriz, que se incorpora al área de bar y descubre que gran parte del trabajo ocurre entre bastidores: comprobar cantidades, organizar géneros y mantener el espacio de trabajo en orden. Cada paso que realiza le permite entender cómo estas tareas influyen en la agilidad del servicio y en la calidad final del producto ofrecido al cliente.

2. Traslado de las materias primas en el área de bar

👉 **HILO CONDUCTOR**

Beatriz recibe el pedido diario y debe moverlo hasta la barra sin deteriorarlo. Pronto entiende que seguir los circuitos establecidos y manipular correctamente cada carga evita golpes, pérdidas de frío y retrasos.

El traslado de materias primas es una de las primeras tareas que se realizan al comenzar el turno, y de él depende que los productos lleguen en buen estado a los espacios donde se van a utilizar. En un bar, estos movimientos se hacen siguiendo **circuitos internos establecidos** que organizan por dónde se entra, se sale y se circula para evitar cruces innecesarios.

Durante estos traslados es fundamental aplicar **técnicas de manipulación segura** tanto para proteger la salud del personal como para evitar daños en las botellas, los envases o los alimentos.

IMPORTANTE

Algo tan sencillo como sujetar correctamente una caja, mantener una postura estable o evitar sobrecargar los brazos marca la diferencia.

- -

Además, el tiempo y las condiciones de conservación influyen directamente en la calidad del producto. Mantener la cadena de frío, no demorar los recorridos y evitar exposiciones prolongadas al calor o la luz son pasos esenciales para que las materias primas lleguen en condiciones óptimas a su destino. Esta fase es breve, pero sostiene todo el proceso de elaboración y servicio.

2.1. Circuitos internos de traslado en bar

En el día a día de un bar, el movimiento de productos es constante: cajas que llegan, botellas que se reponen, frutas que se trasladan a la zona de preparación... Para que todo este flujo no se convierta en caos, el establecimiento organiza unos **circuitos internos de traslado,** que son recorridos pensados para que el personal se mueva con seguridad y eficacia.

Estos circuitos suelen diseñarse teniendo en cuenta tres ideas simples: que sea fácil orientarse, que no haya cruces peligrosos y que los productos lleguen rápido a su destino.

EJEMPLO

Puede haber una puerta destinada a la entrada de mercancía y otra para sacar residuos, o un pasillo reservado únicamente para llevar cajas hacia la barra.

- -

A continuación, se muestran las **zonas principales del circuito interno:**

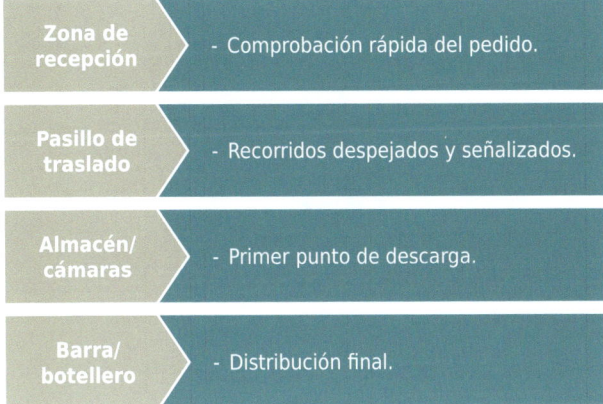

Zona de recepción	- Comprobación rápida del pedido.
Pasillo de traslado	- Recorridos despejados y señalizados.
Almacén/cámaras	- Primer punto de descarga.
Barra/botellero	- Distribución final.

Estos recorridos no son rígidos, pero ayudan a que todas las personas del equipo actúen igual, sin improvisaciones que puedan provocar choques, tropiezos o retrasos.

NOTA

Cuando el circuito está bien planificado, el trabajo fluye y se reduce la fatiga, porque se evitan trayectos innecesarios y se aprovecha mejor el tiempo.

2.2. Técnicas de manipulación segura

Aunque las cargas en un bar no suelen ser extremadamente pesadas, una mala manipulación repetida a lo largo de un turno puede provocar lesiones o dañar el producto. Por eso se enseñan **técnicas básicas de manipulación segura** que cualquier persona puede aplicar sin necesidad de equipamiento especial.

Manipulación correcta de una caja manteniendo la carga cerca del cuerpo para reducir el esfuerzo.

La idea principal es que el cuerpo trabaje de forma natural y sin tensiones. Las **pautas clave** de manipulación segura son:

- **Planificar antes de mover.** Decidir el recorrido y asegurar que esté libre:

  - Antes de levantar cualquier caja o producto, conviene dedicar un segundo a mirar el camino. Un pasillo con objetos por el suelo, una puerta entreabierta o alguien pasando pueden dificultar el traslado y aumentar el riesgo de tropiezos.
  - Planificar significa anticiparse: saber hacia dónde vamos, por dónde pasaremos y si alguien más está utilizando ese espacio.
  - Esquema:

    - Comprobar el pasillo.
    - Revisar puertas y esquinas.
    - Confirmar que la zona de destino está despejada.

- **Sujetar firmemente.** Utilizar ambas manos siempre que sea posible:

  - En el bar, muchos envases son resbaladizos o se golpean con facilidad, por lo que una buena sujeción marca la diferencia.
  - Usar ambas manos ofrece más control del peso y permite reaccionar mejor si la carga se mueve.
  - Sujetar por la base, no por la parte superior, ayuda a evitar que los envases se inclinen o rocen entre sí.

- **Mantener la espalda recta.** Evitar giros bruscos del tronco:

  - Levantar o transportar peso con la espalda doblada es una de las principales causas de lesiones musculares.

◊ Mantener la espalda recta no significa rígida, sino alineada: que la fuerza salga de las piernas y no de la zona lumbar.
◊ Si necesitamos cambiar de dirección, lo adecuado es mover los pies y girar con el cuerpo entero, en lugar de torcer solo el tronco mientras sujetamos el peso.
◊ Este pequeño hábito reduce mucho la tensión acumulada y hace que la carga sea más fácil de controlar.

⊃ **No sobrecargar.** Transportar menos cantidad si el peso es incómodo:

◊ En ocasiones, por ahorrar tiempo, se intenta llevar demasiadas botellas o cajas a la vez. Sin embargo, cargar más de lo que resulta cómodo aumenta la probabilidad de que la carga se caiga o se golpee.
◊ Es preferible hacer un viaje adicional que arriesgarse a perder producto o sufrir una lesión. El objetivo es trabajar con seguridad y eficiencia a largo plazo, no demostrar fuerza en un momento puntual.

Además de proteger la salud del personal, estas técnicas mejoran la calidad del producto porque reducen golpes, caídas y pérdidas de temperatura. Al final, trabajar con seguridad es trabajar con tranquilidad y con mejores resultados.

2.3. Control del tiempo y condiciones de conservación

Cada producto que entra al bar necesita unas condiciones concretas para conservar su calidad.

Algunas bebidas deben ir rápidamente a la cámara, otras requieren mantenerse protegidas de la luz y ciertos alimentos frescos no deben pasar demasiado tiempo a temperatura ambiente. Por eso, durante el traslado, es importante tener claro el **tiempo máximo que pueden permanecer fuera de su entorno ideal.**

 **EJEMPLO**

Por ejemplo, si llega un pedido mixto, lo más habitual es llevar primero aquello que necesita frío (como zumos, frutas frescas o bebidas abiertas) y después los productos que no se deterioran tan rápido. Esta secuencia sencilla evita pérdidas y garantiza que todo llegue en buen estado a su destino.

Podemos resumirlo así, las prioridades básicas durante el traslado son:

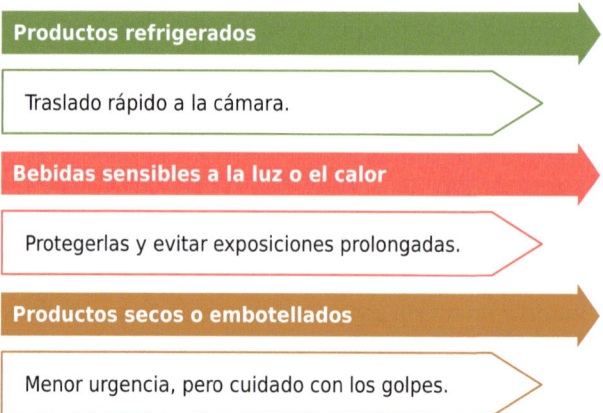

Productos refrigerados

Traslado rápido a la cámara.

Bebidas sensibles a la luz o el calor

Protegerlas y evitar exposiciones prolongadas.

Productos secos o embotellados

Menor urgencia, pero cuidado con los golpes.

Cuando el equipo conoce las necesidades de cada producto, decide mejor los tiempos, planifica los recorridos con lógica y reduce la probabilidad de mermas.

IMPORTANTE

Es un gesto pequeño, pero que sostiene toda la cadena de trabajo dentro del bar.

- -

TAREA 2

Beatriz empieza su turno de mañana en el Bar Baztán. A las 10:15 h llega el pedido diario y se deposita en la zona de recepción. Desde allí, debe trasladar al interior del establecimiento diversos productos destinados al área de bar: cajas de cerveza, refrescos, leche, zumo refrigerado, fruta fresca y bolsas de hielo.

Continúa en página siguiente >>

<< Viene de página anterior

El establecimiento cuenta con estos espacios y recorridos internos:

- Zona de recepción (puerta trasera).
- Pasillo principal de traslado, que conecta con la cámara y el almacén seco.
- Cámara refrigerada (bebidas frías, lácteos, fruta).
- Almacén seco (productos sin frío).
- Botellero y barra de servicio.
- Arcón de hielo.

Ese día, los productos llegan en estas condiciones:

- Cerveza y refrescos: temperatura ambiente.
- Leche: temperatura ambiente, requiere frío.
- Zumo refrigerado: llega frío.
- Fruta fresca: sensible a golpes y calor.
- Hielo: empieza a derretirse, necesita traslado inmediato.

Además, el circuito interno establece que:

- Los productos refrigerados o congelados tienen prioridad.
- El pasillo debe mantenerse despejado.
- No se deben transportar cargas pesadas con una sola mano o con la espalda doblada.

Explica cómo debe organizar Beatriz el traslado de este pedido desde la zona de recepción hasta los lugares de trabajo del bar. En tu explicación deben aparecer, de forma integrada:

1. El orden en que debe trasladar los productos, justificando brevemente por qué unos tienen prioridad sobre otros.
2. El recorrido que deben seguir, indicando a qué zonas debe llevar cada tipo de producto (cámara, almacén seco, botellero, arcón...).
3. Las técnicas básicas de manipulación segura que debe aplicar para evitar lesiones y proteger el producto.

3. Distribución de las bebidas y los géneros en su lugar

 **HILO CONDUCTOR**

Ya en el área de trabajo, Beatriz aprende que ubicar cada producto según sus necesidades de conservación facilita el servicio y evita desperdicios. La rotación FIFO-FEFO se convierte en una herramienta imprescindible para su organización diaria.

Una vez trasladados los productos, llega el momento de **distribuirlos en el espacio de trabajo.** Esta distribución no es aleatoria, sino que responde a criterios de conservación, accesibilidad y organización general.

NOTA

Cada bebida y cada género tiene un lugar concreto en función de sus necesidades: temperatura, luz, humedad o frecuencia de uso.

Para que el equipo trabaje con fluidez, es necesario mantener un **almacén, cámaras y botelleros ordenados,** donde cada producto se coloque siempre del mismo modo. De esta forma, la reposición es más rápida, el control de *stock* resulta más sencillo y se reduce el riesgo de desperdicio.

Un botellero organizado facilita la reposición rápida y el control del stock.

Un aspecto elemental es la **rotación del producto** utilizando métodos como FIFO o FEFO. Gracias a ellos, se consumen antes los géneros más antiguos o aquellos con fecha más próxima de caducidad.

3.1. Ubicación por criterios de conservación

Cada bebida y cada género tienen unas necesidades propias de conservación, y la forma en la que se colocan dentro del bar influye directamente en su calidad y en la seguridad alimentaria.

Por eso, la ubicación no se decide al azar, se elige en función de varios **factores:**

Lo importante es que el personal pueda identificar fácilmente dónde va cada cosa y por qué. De lo contrario, es fácil que una bebida pierda calidad o que un producto se estropee antes de lo previsto.

La siguiente tabla muestra dónde debe almacenarse cada tipo de producto en el área de bar, el motivo de su ubicación y los errores de conservación que se deben evitar para mantener la calidad durante el servicio.

Tipo de producto	Ubicación correcta	Motivo/criterio de conservación	Errores comunes
Refrescos y bebidas frías	Cámara o botellero refrigerado	Necesitan frío constante para mantener su sabor y su calidad.	Dejarlos a temperatura ambiente durante el turno; exponerlos a focos de calor.
Cervezas	Botellero refrigerado (según tipo)	Mantener la temperatura estable para un servicio óptimo.	Mezclar cervezas frías con otras calientes en el mismo espacio.
Vinos blancos y espumosos	Cámara de vinos o botellero con frío moderado	Preservan el aroma y la frescura con frío suave, no excesivo.	Guardarlos en cámaras demasiado frías o con exceso de movimiento.
Vinos tintos	Estantería o mueble específico en zona fresca	No necesitan refrigeración; temperatura ambiente estable.	Colocarlos en zonas con calor directo o junto a motores.
Licores y destilados	Estanterías de barra o mueble de licores	Necesitan estabilidad, no frío; se sirven a temperatura ambiente.	Guardarlos en cámaras innecesariamente, afectando a su sabor y consumo.
Frutas para combinados (limón, lima, naranja, etc.)	Cámara o caja refrigerada	Mantienen la frescura y la textura; se oxidan con el calor.	Dejarlas expuestas al sol o cerca de fuentes de calor.
Sirope y purés de fruta	Cámara una vez abiertos	Evitar la fermentación y la pérdida de sabor.	Guardarlos abiertos en estanterías a temperatura ambiente.
Zumos abiertos	Cámara	Se deterioran rápidamente fuera del frío.	Dejarlos en barra fuera del frío durante el servicio.
Hielo	Hielera cerrada o depósito frigorífico	Mantener la higiene y evitar la contaminación.	Manipular el hielo con vasos o las manos; dejar la hielera abierta.
Snacks o productos secos (patatas, frutos secos)	Estanterías secas y ventiladas	Evitar la humedad y la pérdida de textura.	Guardarlos cerca de cámaras o zonas húmedas.
Material desechable (servilletas, pajitas, vasos)	Zona seca y protegida del polvo	Mantener la limpieza y la integridad del material.	Guardarlos cerca de agua, bebidas abiertas o residuos.

Tabla para que el personal pueda identificar qué productos van en cada lugar y por qué, evitando errores de conservación y pérdidas de calidad.

IMPORTANTE

Cuando estas decisiones se entienden y se aplican a diario, el bar funciona mejor y se reduce el desperdicio de producto.

- -

Organización del almacén, las cámaras, los botelleros y las barras

La organización del espacio es clave para que un bar pueda trabajar con agilidad. Cada zona —almacén, cámara, botellero o barra— cumple una función distinta, y mantenerlas ordenadas facilita la búsqueda, la reposición y el control del *stock.*

En el **almacén,** lo habitual es agrupar los productos por **categorías:**

- ⮥ **Bebidas sin refrigerar.** En esta zona, se colocan las bebidas que no necesitan frío para conservarse correctamente, como vinos tintos, ciertos licores, refrescos cerrados o botellas de agua que aún no se van a usar. Mantenerlas juntas facilita la reposición y evita abrir cámaras innecesariamente. Además, al estar ordenadas por tipos, es más sencillo controlar el *stock* y evitar duplicidades en los pedidos.
- ⮥ **Material de apoyo.** Aquí se incluye todo lo que no es producto alimentario, pero sí necesario para el funcionamiento del bar: servilletas, pajitas, posavasos, agitadores, manteles individuales, etc. Tenerlos separados evita que entren en contacto con los alimentos y permite reponer la barra de forma rápida durante el servicio. También ayuda a mantener la higiene, ya que estos materiales deben almacenarse en un lugar seco y protegido del polvo.
- ⮥ **Envases.** En esta categoría se agrupan vasos desechables, botellas vacías retornables, envases para llevar y otros materiales similares. La idea es que estén accesibles cuando se necesiten, pero sin mezclarse con los productos frescos o con los residuos.
- ⮥ **Provisiones.** Las provisiones incluyen productos complementarios como café, azúcar, cacao, siropes sin abrir, *snacks* envasados o cualquier otro artículo que se consume con frecuencia. Al estar almacenados de forma conjunta y ordenada, es más fácil saber cuánto queda disponible y cuándo es necesario reponer.

NOTA

Esto permite que cualquier persona encuentre rápidamente lo que necesita sin tener que revisar cajas o mover productos de sitio.

- -

En las **cámaras,** el orden también importa. Una cámara desordenada significa más tiempo de trabajo y una mayor probabilidad de que algún género quede escondido y caduque. Lo más frecuente es colocar delante lo que se usa más a menudo y reservar la parte trasera para productos de menor rotación.

Los **botelleros** y las **barras** son espacios de trabajo activo. Allí se colocan las botellas que van a servir durante el turno, los refrescos más pedidos o el hielo. La clave es tenerlo todo al alcance sin saturar el espacio. Si la zona está demasiado llena, aumenta el riesgo de caídas o golpes y se ralentiza el servicio.

Las **ideas clave** de una organización práctica son:

Organizar por categorías
- Si los refrescos están juntos, los vinos tienen su zona propia y la fruta está siempre en el mismo lugar, la reposición se vuelve más rápida y se evita mover productos de un lado a otro.

Evitar mezclar productos fríos y no fríos innecesariamente
- Si se mezclan bebidas que deben mantenerse frías con otras que no lo requieren, se puede alterar la temperatura de la cámara, ocupar espacio de forma ineficiente o deteriorar el producto.

Mantener los pasillos y los estantes despejados
- Un almacén o una cámara con obstáculos dificulta el paso y aumenta el riesgo de golpes, caídas o roturas de producto. Mantener los pasillos libres y los estantes ordenados permite moverse con seguridad y rapidez.

Dejar siempre un espacio para la reposición inmediata
- Durante el servicio, es habitual que haya que reponer productos varias veces. Reservar un espacio específico para la reposición permite colocar rápidamente las nuevas cajas o botellas sin tener que reorganizar todo el estante.

3.2. Reposición y rotación (FIFO-FEFO)

La reposición es una tarea continua en cualquier bar. A medida que se consumen bebidas y géneros, hay que rellenar cámaras, botelleros y estanterías para que nunca falte lo necesario durante el turno. Pero no se repone de cualquier manera: se hace aplicando criterios de **rotación** que garantizan que los productos se utilicen en el orden adecuado.

Los **métodos** más utilizados son FIFO y FEFO:

FIFO *(First In, First Out)*	FEFO *(First Expired, First Out)*
- Lo primero que entra es lo primero que sale. Se aplica sobre todo en productos sin fecha exacta de caducidad, pero con desgaste natural, como botellas abiertas o refrescos.	- Lo que caduca antes es lo que se consume antes. Se utiliza especialmente con productos frescos o que tienen fecha de consumo preferente.

 **EJEMPLO**

FIFO *(First In, First Out)*

En la cámara hay tres *packs* de refrescos. El primer *pack* llegó el lunes, el segundo el martes y el tercero el miércoles.
Cuando el personal repone el botellero, debe coger primero el *pack* del lunes, porque es el que lleva más tiempo almacenado, y dejar el del miércoles para el final.
Esto evita que los refrescos más antiguos se queden olvidados al fondo y pierdan calidad.

FEFO *(First Expired, First Out)*

En la cámara hay tres botellas de zumo con estas fechas de consumo preferente:

· Botella A → caduca el 10 de marzo
· Botella B → caduca el 4 de marzo
· Botella C → caduca el 20 de marzo

Continúa en página siguiente >>

<< Viene de página anterior

Aunque la botella A haya llegado antes que la B, la botella B debe consumirse primero, porque caduca antes.

De esta manera se evita que un producto se estropee por haber ignorado su fecha.

Estos sistemas ayudan a que los productos no se acumulen durante demasiado tiempo, reducen el riesgo de caducidades olvidadas y minimizan el desperdicio.

Las tres acciones básicas que permiten aplicar **FIFO** y **FEFO,** es decir, usar antes los productos más antiguos o los que caducan antes son las siguientes:

- ➲ **Reponer por detrás: lo nuevo siempre va detrás.** Cuando llega un producto nuevo, no se coloca delante ni arriba de lo que ya estaba, porque eso haría que lo antiguo quedara olvidado. Se coloca siempre detrás, empujando lo anterior hacia la parte frontal para que sea lo primero en usarse.
- ➲ **Dejar delante lo que debe usarse antes.** Los productos que llevan más tiempo almacenados o cuya fecha de consumo está más próxima deben estar accesibles, en la parte frontal. Así, el personal no tiene que buscarlos y evita, sin darse cuenta, utilizar primero lo nuevo y dejar lo antiguo atrás.
- ➲ **Revisar las fechas y los estados en cada reposición.** Antes de colocar los productos, conviene revisar su estado: fecha, integridad del envase, temperatura o posibles derrames. Esta revisión rápida permite detectar problemas a tiempo y asegura que todo lo que se coloca en la cámara o el almacén está en buenas condiciones.

NOTA

Cuando la reposición se hace con orden, el servicio es más ágil, el *stock* se controla mejor y el bar evita pérdidas innecesarias. Es un pequeño hábito que genera un gran impacto en la eficiencia del negocio.

 **ACTIVIDAD 3**

Beatriz participa por primera vez en la organización del bar después del reparto. En el momento de ordenar la cámara, encuentra vinos blancos, cervezas, *snacks* secos y sirope de fruta ya abierto. Según los criterios correctos de conservación y ubicación, ¿cómo debería distribuir estos productos?

Solución

La distribución adecuada combina criterios de conservación y seguridad alimentaria. Los vinos blancos y las cervezas necesitan frío estable para mantener su calidad, los *snacks* secos deben guardarse en una zona seca y ventilada para evitar la humedad, y el sirope abierto debe mantenerse refrigerado porque una vez abierto es altamente perecedero. Esta organización asegura la calidad, evita el desperdicio y facilita un servicio eficiente.

- -

 ACTIVIDAD COMPLEMENTARIA

2. Analiza cómo deben ubicarse y organizarse los productos en un bar según sus necesidades de conservación, así como la importancia de aplicar los métodos de rotación FIFO y FEFO para evitar pérdidas. Reflexiona sobre por qué el orden, la accesibilidad y la rotación son claves en el funcionamiento eficiente de un establecimiento.

   ¿Por qué es necesario ubicar cada producto según su temperatura, la luz, la humedad o la frecuencia de uso? Explica qué problemas pueden aparecer cuando la organización se hace a ojo o sin criterios claros.

   ¿Qué ventajas crees que aporta organizar el almacén, las cámaras y los botelleros por categorías (bebidas frías, vinos, material de apoyo, provisiones...)? ¿Cómo influye esto en la rapidez del servicio y en el control del *stock*?

   ¿En qué situaciones crees que es más adecuado aplicar FIFO y en cuáles FEFO? Pon un ejemplo de cada uno y explica cómo una mala rotación puede generar desperdicio o pérdida de calidad.

- -

4. Ejecutar las tareas aplicando la normativa higiénico-sanitaria

☞ HILO CONDUCTOR

Mientras manipula botellas, hielo o frutas, Beatriz integra hábitos higiénico-sanitarios básicos: manos limpias, superficies desinfectadas y evitar contaminaciones cruzadas. Comprueba que estas normas no son un trámite, sino la base de un servicio seguro.

- -

Todo el trabajo en el área de bar está atravesado por la normativa higiénico-sanitaria, cuyo objetivo es garantizar que las bebidas y los alimentos se manipulen con seguridad. En la práctica significa adoptar hábitos sencillos, pero constantes: manos limpias, superficies desinfectadas, utensilios en buen estado y productos separados para evitar contaminaciones cruzadas.

Además, la legislación establece requisitos claros sobre almacenamiento, manipulación y conservación, por lo que conocerla ayuda al personal a actuar con autonomía y responsabilidad.

IMPORTANTE

No se trata solo de cumplir normas: es una forma de proteger la salud de todas las personas implicadas en el proceso.

- -

4.1. Principios higiénico-sanitarios aplicados al acopio

El acopio en un bar no consiste solo en almacenar productos; implica hacerlo siguiendo unas pautas higiénico-sanitarias que garanticen que lo que después se sirva a la clientela sea seguro.

NOTA

Estos principios se basan en mantener los productos protegidos de cualquier contaminación, controlar las temperaturas adecuadas y conservar las superficies limpias en todo momento.

- -

Uno de los aspectos más importantes es evitar que los productos entren en contacto con sustancias que puedan alterarlos: olores fuertes, humedad excesiva o restos de alimentos. También es esencial comprobar que los envases están en buen estado y que los productos que requieren frío se guardan rápidamente para no romper la cadena de conservación.

Aplicar estos principios desde el primer momento reduce riesgos y facilita que todo el proceso posterior (preparación, servicio y reposición) se desarrolle en condiciones seguras. Se apoyan en tres **pilares:**

Limpieza constante: de manos, utensilios y superficies
- La higiene debe acompañar cada movimiento. Manos limpias, tablas sin restos, paños secos y utensilios desinfectados son la base para que nada contamine los productos.

Separación adecuada: evitar mezclar productos crudos con bebidas listas para servir
- La fruta sin lavar, las cáscaras o los productos recién manipulados no deben compartir espacio con bebidas que ya están listas para consumir. Esta separación evita contaminaciones cruzadas.

Control ambiental: frío, luz y humedad en niveles correctos
- Cada producto reacciona de forma diferente a la temperatura y la luz. Un exceso de calor puede fermentar un zumo, una luz intensa puede alterar un vino y la humedad puede deteriorar los envases de cartón.

4.2. Manipulación segura de bebidas y géneros

La **manipulación segura,** aparte de ser una cuestión física, también tiene una dimensión higiénica.

NOTA

Cuando se trabaja con bebidas y géneros, es importante evitar cualquier práctica que pueda comprometer la calidad del producto, desde tocar las zonas de consumo directo (como el borde de un vaso) hasta manipular fruta o hielo sin las medidas adecuadas.

En el bar, la manipulación se hace continuamente: se cogen botellas, se cortan cítricos, se añaden ingredientes... Por eso resulta tan útil integrar una rutina que combine seguridad física y seguridad higiénica. Esto implica adoptar **prácticas** que conviertan el trabajo en una cadena segura desde el acopio hasta el servicio final:

- ⊃ **Práctica 1:** lavarse las manos con frecuencia, especialmente antes de cortar fruta o manipular hielo.
- ⊃ **Práctica 2:** usar utensilios limpios (pinzas, cucharas, cuchillos) y cambiarlos cuando se ensucian.
- ⊃ **Práctica 3:** evitar tocar directamente las partes del vaso o la copa que entran en contacto con la boca de la clientela.
- ⊃ **Práctica 4:** proteger la fruta cortada y guardarla en envases cerrados cuando no se esté usando.
- ⊃ **Práctica 5:** mantener la zona de trabajo seca y libre de restos, ya que la humedad y los residuos pueden ser una fuente de contaminación.
- ⊃ **Práctica 6:** no mezclar utensilios de alimentos crudos con utensilios de bebidas listas para servir, para evitar contaminaciones cruzadas.

4.3. Legislación higiénico-sanitaria aplicable

Detrás de todas las prácticas de higiene y manipulación, existe una base legal que orienta y regula cómo debe gestionarse la seguridad alimentaria en cualquier negocio de hostelería. No es necesario memorizar la normativa completa, pero sí comprender qué exige y cómo afecta al día a día del bar.

En España, la **legislación higiénico-sanitaria** aplicable a bares, restaurantes y establecimientos que manipulan alimentos se basa en un conjunto de normas europeas y nacionales. Esta legislación establece cómo deben conservarse, manipularse y servirse los alimentos y las bebidas para garantizar la seguridad de la clientela:

- **Reglamento (CE) 852/2004 — Higiene de los productos alimenticio.** Obliga a todas las empresas alimentarias a aplicar:

  - Buenas prácticas de higiene.
  - Limpieza y desinfección adecuadas.
  - Control de proveedores.
  - Formación del personal.
  - Sistemas de autocontrol basados en APPCC.

- **Reglamento (CE) 178/2002 — Ley General Alimentaria Europeo.** Define los principios esenciales de la seguridad alimentaria:

  - Trazabilidad de los alimentos.
  - Responsabilidad de la empresa alimentaria.
  - Gestión del riesgo alimentario.

- **Real Decreto 1086/2020 — Flexibilización de normas de higiene.** Introduce adaptaciones según el tamaño y la actividad del establecimiento:

  - Flexibilidad en APPCC.
  - Aplicación proporcional de requisitos higiénicos.
  - Adaptación a negocios pequeños o tradicionales.

- **Ley 17/2011, de Seguridad Alimentaria y Nutrición.** Fortalece la protección de la persona consumidora:

  - Control oficial de alimentos.
  - Formación obligatoria en manipulación.
  - Requisitos de etiquetado y publicidad.

- **Real Decreto 1021/2022 — Higiene en el comercio minorista de alimentos.** Regula los requisitos de higiene para bares, cafeterías y pequeños comercios:

  - Condiciones de manipulación y almacenamiento.
  - Separación de zonas y prevención de contaminaciones cruzadas.
  - Trazabilidad simplificada.
  - Formación higiénico-sanitaria del personal.

La normativa de higiene alimentaria se basa en una serie de **principios esenciales** que garantizan que cualquier alimento o bebida servidos sean seguros para la persona consumidora. Estos principios proceden de los reglamentos europeos (especialmente el **852/2004** y el **178/2002**) y de los reales decretos españoles que los desarrollan.

A continuación, se explican los **principios:**

- **Seguridad del alimento.** Todo alimento o bebida debe ser seguro para el consumo, sin riesgos que puedan afectar a la salud.
  Esto implica evitar contaminaciones, controlar temperaturas y garantizar una manipulación limpia.
- **Responsabilidad de la empresa alimentaria.** El bar o restaurante es responsable directo de la seguridad de lo que ofrece.
  Debe implantar medidas de control, vigilar a su personal y garantizar el cumplimiento de la normativa.
- **Trazabilidad.** Se debe poder saber de dónde viene cada producto, cómo ha sido almacenado y por qué proveedores ha pasado.
  Esto permite actuar rápidamente si surge un problema sanitario.
- **Prevención y control del riesgo (APPCC).** Las empresas alimentarias deben identificar los puntos en los que puede surgir un peligro (temperatura, manipulación, conservación...) y controlarlos.
  Es lo que se conoce como APPCC: análisis de peligros y puntos de control críticos.
- **Higiene en todo el proceso.** La higiene no se limita al momento del servicio; debe aplicarse en todas las fases:

  - Recepción del producto
  - Almacenamiento
  - Manipulación
  - Preparación
  - Servicio
  - Eliminación de residuos

- **Formación del personal manipulador.** El personal debe estar formado y actualizado en higiene alimentaria.
  Esto incluye saber lavarse las manos correctamente, evitar contaminaciones cruzadas y entender cómo conservar los productos.
- **Control ambiental.** La normativa exige vigilar las temperaturas, la humedad, la ventilación y la iluminación, porque afectan directamente a la seguridad del alimento.
- **Limpieza y desinfección continuas.** El establecimiento debe trabajar con un plan de limpieza, asegurando que las superficies, los utensilios y los equipos estén siempre en condiciones higiénicas.

⊃ **Separación de zonas y prevención de contaminaciones cruzadas.** Se deben separar los alimentos crudos de los ya preparados, utensilios de corte de distintos géneros y mantener áreas de trabajo diferenciadas siempre que sea posible.

⊃ **Gestión correcta de residuos.** Los residuos deben depositarse en contenedores cerrados, retirarse con frecuencia y nunca estar cerca de alimentos o zonas de preparación.

⊃ **Información y etiquetado correcto.** Todo producto debe estar correctamente etiquetado: ingredientes, alérgenos, fechas de caducidad o consumo preferente, condiciones de conservación, etc.

ACTIVIDAD 4

Durante su turno de trabajo, Beatriz debe preparar bebidas en un espacio donde se manipulan también frutas y otros géneros. ¿Cuál de las siguientes actuaciones cumple correctamente la normativa higiénico-sanitaria?

- **Cortar la fruta directamente sobre la barra para agilizar el servicio y utilizar el mismo cuchillo para preparar bebidas y alimentos crudos.**
- **Servir hielo con la mano cuando las pinzas no están disponibles, siempre que se haga rápidamente para evitar el contacto prolongado.**
- **Lavarse las manos antes de manipular fruta o hielo, usar utensilios limpios y mantener separadas las zonas de bebida y alimentos para evitar contaminaciones cruzadas.**
- **Utilizar la misma tabla para cortar fruta y abrir envases, limpiándola solo al final del turno para no interrumpir el ritmo de trabajo.**

Solución

La práctica correcta consiste en mantener una manipulación segura mediante higiene constante, utensilios limpios y separación de zonas y productos. Lavarse las manos antes de trabajar con fruta o hielo, utilizar pinzas o cuchillos higienizados y evitar mezclas entre alimentos crudos y bebidas listas para servir reduce el riesgo de contaminación y cumple la normativa higiénico-sanitaria aplicable en establecimientos de hostelería.

5. Normativa de protección medioambiental

☞ **HILO CONDUCTOR**

Beatriz observa la cantidad de residuos generados en un turno y descubre cómo pequeñas acciones —separar envases, reducir desperdicios y optimizar el uso del producto— ayudan a cumplir la normativa y mejorar la sostenibilidad del bar.

La protección del medioambiente forma parte de las obligaciones de cualquier actividad económica, incluida la hostelería. Aunque un bar no genere un gran impacto industrial, sí produce residuos, utiliza envases, consume energía y agua, y debe cumplir una serie de normas encaminadas a reducir su huella ambiental.

El objetivo es que las operaciones del bar —acopio, manipulación, traslado y servicio— se realicen de forma responsable, reduciendo el desperdicio, separando adecuadamente los residuos e impulsando hábitos sostenibles en el día a día del trabajo.

Aunque existe una gran cantidad de normativa, en restauración destacan especialmente estos **bloques:**

⊃ **Ley 7/2022, de Residuos y Suelos Contaminados para una Economía Circular.** Es la norma estatal más relevante en la actualidad. Su finalidad es reducir los residuos, fomentar el reciclaje y penalizar el uso de productos no reutilizables. Incluye medidas como:

    ◖ Reducción del uso de plásticos de un solo uso.
    ◖ Uso obligatorio de recogidas separadas (orgánico, aceite, textiles, etc.).
    ◖ Impuesto a los envases de plástico no reutilizables.
    ◖ Medidas para la reducción de envases en los comercios.

    Aplicación en un bar: separación de residuos, uso de envases reciclables, reducción de plásticos, gestión correcta del aceite usado.
⊃ **Legislación sobre Evaluación Ambiental (Ley 21/2013).** Aunque está pensada para proyectos de mayor envergadura, esta ley establece el marco general de protección ambiental en España. Su objetivo es evitar impactos negativos y controlar las actividades que puedan deteriorar el entorno.
    Aplicación en un bar: crea el marco que justifica las inspecciones, los controles y las sanciones ante malas prácticas ambientales.

⮕ **Sistema de Responsabilidad Medioambiental.** La Ley 26/2007, de Responsabilidad Medioambiental, obliga a reparar los daños causados al entorno durante la actividad.
Aplicación en un bar: mala gestión de productos químicos de limpieza, vertidos accidentales, mal almacenamiento de aceites.

 PARA SABER MÁS

Este recurso del Ministerio para la Transición Ecológica y el Reto Demográfico funciona como un portal centralizado donde cualquier persona puede consultar la normativa ambiental vigente en España:

Desde esta página se accede tanto a la legislación publicada en el Boletín Oficial del Estado como a un amplio catálogo de normas clasificadas por temas. Accede desde aquí:

https://redirectoronline.com/3038010201

5.1. Gestión de residuos en el área de bar

La gestión de residuos en un bar forma parte de la rutina diaria y tiene un impacto directo en la limpieza, la seguridad y el respeto al medioambiente.

Cada turno genera una combinación de envases, restos de producto, vidrio, plástico, cartón y residuos orgánicos. Si no se gestionan correctamente, es fácil que se acumulen, dificulten el trabajo o generen riesgos higiénicos.

El objetivo es que cada tipo de residuo siga su propio camino, usando los contenedores adecuados y evitando que se mezclen materiales que deben tratarse de forma distinta.

Gestionar bien los residuos contribuye a un entorno más seguro, más limpio y cómodo para trabajar:

Vidrio: contenedor específico
- Las botellas de vidrio deben depositarse en el contenedor destinado exclusivamente a este material. El vidrio es uno de los residuos más frecuentes en un bar y, además, es muy pesado, por lo que acumularlo en bolsas o mezclarlo con otros materiales aumenta el riesgo de roturas y cortes.

Envases ligeros: plásticos, latas y *briks* separados
- Los envases como latas de refresco, botellas de plástico o *briks* deben colocarse en el contenedor amarillo o en el depósito designado para envases ligeros dentro del bar.

Orgánico: restos de fruta, pulpa, posos de café...
- Los residuos orgánicos deben depositarse en un contenedor cerrado y específico para evitar malos olores, presencia de insectos o contaminaciones cruzadas. En el bar, este tipo de residuo se genera de forma continua cuando se cortan cítricos, se prepara café o se manipulan ingredientes frescos.

Cartón: plegado y retirado sin mezclar con líquidos
- Las cajas de cartón que llegan con los pedidos deben plegarse para ocupar menos espacio y retirarse lo antes posible. Es importante que no se mezclen con residuos húmedos, ya que el cartón mojado se deteriora, gotea y atrae suciedad.

5.2. Reducción del desperdicio de bebidas y producto

Una parte del trabajo responsable en el bar consiste en **evitar el desperdicio,** tanto por motivos económicos como medioambientales.

IMPORTANTE

Cada mililitro que se pierde al servir, cada fruta que se estropea en la cámara o cada botella abierta que no se conserva bien acaba repercutiendo en el negocio y en el entorno.

- -

La reducción del desperdicio empieza por pequeñas decisiones cotidianas: servir con precisión, planificar mejor la cantidad de producto fresco que se utiliza, guardar correctamente los ingredientes abiertos y vigilar que las bebidas no permanezcan demasiado tiempo fuera de su lugar de conservación.

También influye el control del *stock:* si se revisa con frecuencia lo que hay disponible, es más fácil evitar sobrecargas de producto que luego no se van a consumir.

Algunas **ideas** que ayudan a reducir el desperdicio son:

- ⤳ **Servir con medida: evitar derrames y excesos en cada vaso.** Cada vez que se llena demasiado un vaso o se derrama bebida al servir, se está desperdiciando producto que podría haberse utilizado para otra consumición. Usar *jiggers,* medidores o seguir las cantidades indicadas por la receta ayuda a mantener un control exacto.
- ⤳ **Proteger el producto abierto: tapas, *film* o envases herméticos.** Cuando un producto se abre —ya sea una botella, un puré de fruta o una bandeja de cítricos cortados— empieza a deteriorarse más rápido si queda expuesto al aire, la luz o la humedad. Cubrirlo con una tapa, con *film* transparente o guardarlo en un recipiente hermético evita la oxidación, mantiene su aroma y prolonga su vida útil.
- ⤳ **Revisar el estado de la fruta y los refrescos diariamente.** Una revisión rápida al comenzar el turno permite detectar productos que ya no están en buen estado, refrescos que han perdido gas o frutas que empiezan a deteriorarse. Si se identifican a tiempo, se pueden priorizar para su consumo o sustituirlos antes de que contaminen otros alimentos.

NOTA

Cuando estas prácticas se convierten en hábito, el desperdicio disminuye de manera notable sin necesidad de esfuerzos adicionales.

- -

VÍDEO

El siguiente vídeo explica la nueva Ley de Prevención de las Pérdidas y el Desperdicio Alimentario, aprobada en marzo de 2025, que busca reducir a la mitad el desperdicio de comida en comercios y hogares, y en un 20 % en la cadena de suministro.

Accede desde aquí:

https://redirectoronline.com/3038010202

- -

5.3. Buenas prácticas medioambientales en acopio y distribución

Además de gestionar los residuos y evitar desperdicios, existen otras **buenas prácticas medioambientales** que pueden aplicarse en el acopio y la distribución de productos dentro del bar.

Estas prácticas generan una cultura de responsabilidad ambiental dentro del equipo y mejoran la imagen del establecimiento:

- ⊃ **Uso eficiente de la energía.** Abrir las cámaras y los botelleros solo cuando es necesario, comprobar que cierran bien, o evitar que queden luces y equipos encendidos sin motivo reduce el consumo y prolonga la vida de los aparatos.

○ **Elección de envases sostenibles.** Siempre que sea posible, se recomienda optar por formatos retornables o reciclables, ya que generan menos residuos y permiten un ciclo de consumo más respetuoso con el entorno.

○ **Reutilización interna.** Cajas resistentes, bandejas o recipientes pueden emplearse para trasladar productos dentro del local en lugar de utilizar envases de un solo uso.

○ **Reducción global del consumo.** Consiste en abastecer solo lo necesario para cada turno. Ajustar la cantidad de producto fresco, reponer con criterio y evitar acumulaciones innecesarias permite trabajar con más orden y generar menos residuos.

 TAREA 3

Beatriz empieza su turno en el Bar Baztán y observa que durante la mañana se generan distintos residuos: cajas de cartón, botellas de vidrio, latas, restos de fruta, posos de café y alguna botella de plástico. También nota que algunos productos abiertos no se conservan bien y que, en ocasiones, se desperdicia bebida durante el servicio.

La responsable le recuerda que el bar debe cumplir la Ley 7/2022, separar correctamente los residuos, conservar adecuadamente los productos abiertos, y reducir desperdicios y consumos innecesarios.

Explica cómo debe actuar Beatriz para gestionar el acopio y la distribución de forma ambientalmente responsable. Tu respuesta debe incluir:

1. Tres acciones correctas relacionadas con la separación de residuos, la conservación del producto o la reducción de desperdicios.
2. Dónde debe depositar cada uno de los residuos generados habitualmente en un turno (cartón, vidrio, latas, restos orgánicos, plásticos, posos de café).
3. Una consecuencia negativa de no aplicar estas buenas prácticas.

6. Resumen

La gestión del área de bar empieza con el traslado de las materias primas. Para evitar el caos y los accidentes, se diseñan circuitos internos de traslado:

recorridos claros desde la zona de recepción hasta el almacén, las cámaras, la barra y los botelleros.

En el traslado es básico aplicar técnicas de manipulación segura. La idea central es que el cuerpo trabaje sin tensiones: planificar el recorrido antes de mover una carga, sujetar los envases con ambas manos, mantener la espalda recta y evitar sobrecargar el peso.

Otro aspecto clave es el control del tiempo y de las condiciones de conservación. No todos los productos admiten la misma espera: los que necesitan frío (zumos, frutas frescas, bebidas abiertas) deben llevarse primero a la cámara; después se trasladan los géneros menos sensibles.

Una vez dentro del área de trabajo, la prioridad pasa a ser la distribución correcta de bebidas y géneros. Cada producto se ubica según sus necesidades de temperatura, luz, humedad y frecuencia de uso.

La reposición se realiza aplicando criterios de rotación para evitar caducidades olvidadas y deterioros. Se utilizan dos métodos:

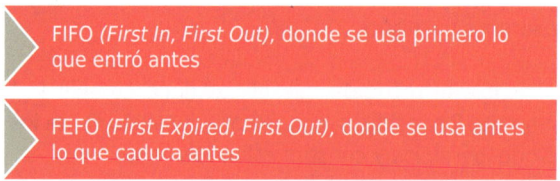

FIFO *(First In, First Out)*, donde se usa primero lo que entró antes

FEFO *(First Expired, First Out)*, donde se usa antes lo que caduca antes

En la práctica, esto se resume en tres gestos: reponer siempre por detrás, dejar delante lo que debe consumirse antes, y revisar las fechas y el estado de los envases en cada reposición.

Todo el trabajo del bar está atravesado por la normativa higiénico-sanitaria. En el acopio, esto implica:

Mantener una limpieza constante	Separar productos crudos de bebidas listas para servir	Controlar el entorno (frío, luz, humedad)

En la manipulación de bebidas y géneros, se combinan seguridad física e higiene: manos limpias, utensilios en buen estado, evitar tocar el borde de los vasos, proteger la fruta cortada y no mezclar utensilios que han estado en contacto con productos crudos con otros listos para su consumo.

Además, la actividad del bar está vinculada a la protección medioambiental. Normas como la Ley 7/2022, de Residuos y Suelos Contaminados para una Economía Circular, fomentan la reducción de residuos, el reciclaje y la limitación de plásticos de un solo uso.

Ejercicios de autoevaluación
Unidad de Aprendizaje 2

1. ¿Qué producto debe trasladarse primero desde la zona de recepción según los criterios de conservación?

    a. Refrescos en lata
    b. Cerveza a temperatura ambiente
    c. Bolsas de hielo
    d. Botellas de agua

2. Indica si las siguientes oraciones son verdaderas o falsas:

    a. "Los productos refrigerados deben trasladarse en primer lugar para mantener la cadena de frío".

        ■ Verdadero
        ■ Falso

    b. "Es preferible hacer un viaje adicional antes que sobrecargar el peso".

        ■ Verdadero
        ■ Falso

    c. "Para ahorrar tiempo, es correcto transportar cajas con una sola mano siempre que no pesen mucho".

        ■ Verdadero
        ■ Falso

3. ¿Qué técnica de manipulación segura es correcta durante el traslado de cajas en el bar?

    a. Girar el tronco mientras se sostiene la carga para avanzar rápido.
    b. Transportar varias cajas a la vez, aunque dificulten la visión.
    c. Mantener la espalda recta y levantar con ayuda de las piernas.
    d. Sujetar las cajas solo por la parte superior.

4. ¿Qué método de rotación se aplica cuando se prioriza consumir el producto cuya fecha de caducidad está más próxima?

    a. FIFO
    b. FEFO
    c. LIFO
    d. PEPS únicamente en bebidas

5. ¿Qué criterio determina la ubicación correcta de bebidas y géneros dentro del bar?

    a. Sus necesidades de conservación (temperatura, luz, humedad).
    b. El orden en el que llegaron los productos.
    c. La preferencia personal de quien trabaja.
    d. Que quepan mejor en el espacio disponible.

6. Indica si las siguientes oraciones son verdaderas o falsas:

    a. "Los productos más utilizados deben colocarse en las zonas más accesibles del bar".

        ■ Verdadero
        ■ Falso

    b. "Aplicar FIFO significa usar primero lo que llegó antes al establecimiento".

        ■ Verdadero
        ■ Falso

    c. "Los vinos tintos deben guardarse en la cámara junto con los refrescos".

        ■ Verdadero
        ■ Falso

7. ¿Qué acción cumple la normativa higiénico-sanitaria durante la manipulación en la barra?

    a. Cortar fruta y abrir envases sobre la misma tabla sin limpiar.
    b. Manipular hielo directamente con la mano si es rápido.

    c. Usar utensilios limpios y lavarse las manos antes de manipular fruta o hielo.

    d. Dejar fruta cortada descubierta durante el servicio.

8. ¿Qué residuo debe ir al contenedor amarillo (envases ligeros)?

    a. Latas de refresco

    b. Botellas de vidrio

    c. Posos de café

    d. Cartón plegado de suministros

9. ¿Qué práctica ayuda a reducir el desperdicio de bebidas durante el servicio?

    a. Llenar los vasos a ojo para ir más rápido.

    b. Guardar la fruta cortada abierta en la barra para tenerla a la vista.

    c. Utilizar medidores y conservar correctamente los productos abiertos.

    d. Reponer bebidas mezclando frías y calientes en la misma cámara.

10. Indica si las siguientes oraciones son verdaderas o falsas:

    a. "El sirope abierto debe conservarse en la cámara para evitar la fermentación".

        ■ Verdadero
        ■ Falso

    b. "Los restos de fruta y posos de café se depositan en el contenedor orgánico".

        ■ Verdadero
        ■ Falso

    c. "La Ley 7/2022 obliga a separar correctamente residuos como vidrio, cartón y envases".

        ■ Verdadero
        ■ Falso

Glosario

Acopio
Proceso de solicitud, recepción y control de productos necesarios para el funcionamiento del bar.

Área de bar
Espacio del establecimiento destinado a la preparación y el servicio de bebidas, organizado en distintas subzonas con funciones específicas.

Área de servicio
Zona donde se realizan tareas auxiliares como la limpieza de vasos, la preparación de mezclas y el apoyo al servicio.

Barra
Zona principal de atención directa a la clientela donde se sirven bebidas y se toman pedidos.

Botellero
Espacio organizado para almacenar botellas, normalmente de alta rotación, facilitando el acceso rápido durante el servicio.

Cadena de frío
Mantenimiento continuo de la temperatura adecuada en productos que requieren refrigeración.

Cámara refrigerada
Equipo destinado a conservar bebidas y productos perecederos a temperatura controlada para mantener su calidad y su seguridad.

Circuitos internos de traslado
Recorridos establecidos dentro del local para mover la mercancía de forma segura y eficiente.

Contaminación cruzada
Riesgo sanitario que se produce cuando los productos o los utensilios entran en contacto indebido, transmitiendo contaminantes.

Contrabarra
Área de apoyo situada detrás de la barra utilizada para el almacenamiento inmediato y la reposición rápida de productos y utensilios.

Control cualitativo
Revisión del estado, la conservación y las condiciones del producto recibido para asegurar su calidad.

FEFO *(First Expired, First Out)*
Sistema de rotación que prioriza el uso de los productos con fecha de caducidad más próxima.

FIFO *(First In, First Out)*
Sistema de rotación que prioriza el uso de los productos que llevan más tiempo almacenados.

Hoja de solicitud
Documento interno utilizado para pedir productos de forma estructurada, dejando constancia escrita de las necesidades del bar.

Manipulación segura
Conjunto de técnicas destinadas a mover productos evitando lesiones al personal y daños al género.

Normativa higiénico-sanitaria
Conjunto de leyes y reglamentos que garantizan la seguridad alimentaria en establecimientos de hostelería.

Orden de pedido
Documento formal mediante el cual se solicitan productos al almacén o al proveedor indicando las cantidades y las referencias.

Parte interno de reposición
Documento breve empleado para comunicar faltantes urgentes detectados durante el servicio.

Registro de incidencias

Documento donde se anotan irregularidades como errores de cantidad, productos defectuosos o entregas incompletas.

Verificación cuantitativa

Comprobación de que las cantidades recibidas coinciden con las solicitadas.

Bibliografía

Monografías

→ CHARQUERO Gómez, M. L.: *Preparación y servicio de bebidas y comidas rápidas en el bar (HOTR0208)*. Antequera: IC Editorial, 2024.

> Este manual ofrece una visión práctica y profesional de los procesos de preparación y servicio de bebidas y comidas rápidas en el bar, dentro de la cualificación *HOTR0208: Operaciones básicas del restaurante y bar*. Desarrolla técnicas básicas de elaboración y presentación, la organización del puesto de trabajo, el manejo de utensilios y maquinaria, y la aplicación de normas de higiene y seguridad alimentaria.

→ MARTÍ Fabregó, N.: *Gestión por procesos en hostelería y restauración: Manual de mapas de procesos para servicios de hostelería y restauración*. Almería: Grupo Editorial Círculo Rojo, 2021.

> El libro presenta un enfoque práctico de la gestión por procesos en empresas de hostelería y restauración, orientado a implantar mapas de procesos como herramienta de organización y mejora continua. Explica de forma gradual el paso de modelos departamentales tradicionales a una gestión basada en el trabajo en equipo y la optimización de los servicios.

Textos electrónicos

→ Código de buenas prácticas preventivas: sector de hostelería, de: <https://umivaleactiva.es/dam/web-corporativa/Documentos-prevenci-n-y-salud/C-digos-de-Buenas-Pr-cticas-por-sector-/codigobuenaspracticashosteleria.pdf>.

> Este documento reúne orientaciones y medidas preventivas para mejorar la seguridad y la salud laboral en el sector de la hostelería a partir de la identificación de los riesgos propios de la actividad. Plantea la implantación de una organización preventiva integrada en la empresa basada en la evaluación de riesgos, la planificación de acciones preventivas y el cumplimiento de la normativa vigente.

→ Organigrama de un bar: estructura y ejemplos, de:
<https://ingenieriademenu.com/wp-content/uploads/2025/05/
Organigrama-de-un-bar-estructura-y-ejemplos.pdf>.

El documento explica la estructura organizativa de un bar a través de su organigrama, detallando los distintos puestos de trabajo y sus funciones dentro del establecimiento. Aborda cómo se distribuyen las responsabilidades, la jerarquía y la coordinación entre áreas como dirección, barra, sala y apoyo.